東南アジアなんて二度と行くかボケッ!
……でもまた行きたいかも。

さくら 剛

幻冬舎文庫

東南アジアなんて二度と行くかボケッ！

……でもまた行きたいかも。

目次

1. プロローグ

みなさんこんにちは。僕は「ひきこもり」をやっております、さくら剛《つよし》といいます。

ひきこもりというのは、平和な日本の自分の家で、部屋から1歩も出ずにテレビゲームやインターネットに打ち込むのが主なお仕事です。

そんなひきこもりの僕ですが、おやまあ、どうしたことでしょう? ただ今現在、**虎が棲《す》むというマレーシアのジャングルの掘っ立て小屋で、闇の中たった一人で夜を越している最中です(号泣)**。


…………。


ここは、マレーシアの密林奥深くにある、「ブンブン」と呼ばれる動物観察小屋である。

噂によると、昼間に現地ガイドと一緒にツアーを組んでここに来たなら、通りかかる鹿や猿、イノシシや象や大トカゲ、さらには**運が良ければクマや虎にまで**お目にかかれ、とびきり愉快な旅のひとときを過ごすことができるらしい。

でもでもっ♥ 今は夜だし、ガイドさんはおろか、この小屋の周囲数㎞にわたって人間は誰一人としていないの♪

そよ風ひとつでゆらゆら揺れちゃう木製のドアには、鍵すらついていない。そもそもちゃんと閉まらない。

ましてや動物観察のために建てられたこの小屋は、野生動物をよく見物できるように、1面の壁が半分まるまるくりぬかれている。そこにはガラスも網戸すらもなく、部屋の中から直接、クマや虎のいるマレーシアのジャングルに繋《つな》がっているのでーす♥♥

…………。

誰か助けてください(号泣)。

現在時刻は夜の7時。

ジャングルはほぼ闇に包まれており、パックリ開いた壁から見える黒い密林はとてつもなく恐ろしい。

ランプひとつ備えられていない小屋の中も、ジャングルと同じ、いやそれ以上に深い闇に覆われつつある。

おいこらおまえっ。

言っておくがなあ、オレはなあ、すごくなあ…………、**怖がりなんだよっ（涙）。**

オレはなあ、中学生まで夜トイレに行く時には、ドアを少し開けてママに見てもらわないと怖くてオシッコができなかった男なんだよっ。

釣りなんか行けないよ。怖くて魚が触れないんだから。キャンプだって行けないよ。蛾が飛んで来るだけでショックで失神しそうになるんだから。

幸い友達がいないから、そういうくだらない行事に誘われることはなくていいんだけどさ……。


ワオーーーンッ!!　ワオーーーンッ!!!

きゃ〜〜〜〜〜〜〜〜〜〜〜っっっ（号泣）!!!!!


なにっ、なによ、なんなのよ今の鳴き声はっ（涙）!!

ちょおっとおお。なんなのよっ。すっごく近くから聞こえたんだけどワオンっていう声が（泣）。犬？　お犬さんがおいでになったの？

そうだ、もしかして……。ジャングルの中でかわいそうな僕を見かねて、浜松の実家から柴犬のムクちゃんが遊びに来てくれたのかしら？　ジャーキーを手土産にマレーシアまでやって来てくれたのかしら？

あり得るわ。だってあの子英語も喋《しゃべ》れるからね。ワンワンだけじゃなくて、時々「バウワウ」とも鳴いてるもん。

でもよく考えたら、柴犬がパスポートを取得することは日本国では認められていないわね……。じゃあ あの声は……、野犬？　ひょっとして、犬じゃなくてオオカミなんじゃあ……**肉を喰《く》らい骨をしゃぶるオオカミなんじゃあ…………怖いわ〜〜〜〜〜っっ（号泣）!!!**

ばさばさばさっっ!!　ワオ〜〜〜〜ンオ〜〜〜ンオ〜〜〜ン………

…………………。

飛んで行った。

今、「ワオ〜〜ン」の声の主が、小屋のすぐ近くから森に向けてバサバサッと飛んで行った。

なるほど。どうやらあれはオオカミじゃなくて、ジャングルに棲む**「ワオ〜〜ン」と鳴**

く変わった鳥みたいでしたね。

あははははっ！　いやーまったく。ねえねえ鳥さん鳥さんっ♪　**鳥なら鳥らしくもっとかわいく鳴かんかいワレっっ!!!　鳥は「チュンチュン」やろうがっっ!!!　熱帯雨林だろうがなんだろうが鳥はチュンチュンチュン鳴くもんなんだよ例外なく!!!　おまえもそうであれっっ!!!!**

くそ……、暑さと怖さのせいで全身からいろんな汗が噴き出して来やがる……。体がべっとべとだ。

よーし、こうなったら水浴びだ！

この小屋には電気は来ていないが、天井の大ダライで雨水を溜《た》めているため簡易シャワーは備えられている。

オレは暗闇の中で衣服に手をかけ、１枚脱ぐたびに決めポーズをくり出しながら全裸になると、股間を隠し懐中電灯を抱えてしずしずとシャワー室に入った。

棚に懐中電灯を置いてわずかな光を確保すると、雨水をろ過したシャワーをぼたぼたと浴びる。

ああ……、**なんっだこの怖さは（涙）**。怖い。暗くて怖い。とにかく怖い。でもちょっと

だけ、気持ちいい。こういう時は、明るく歌でも歌いましょう。ティモテ～～ティモテ～～、マイルド～**ティモテ～～♪**

んっ？

ヘイヘイッ、ウェイトアモーメント。なにかが床をモソモソと這《は》っている気配がするよ？　そんな気配がするよこの言いたいことも言えない世の中で？　なに？　なにが這っているの？　ムクちゃんかな？　**ってムカデよおおおおおっ（泣）!!!　大きすぎるムカデがいるのよここにいいいっっ!!!　これはまるで怪獣っ（涙）!!!!　怪獣のようなムカデが!!!!　長いそして太いっ!!!　そして足多いっっっっっっっ（号泣）!!!!**

ぼんやりとした明かりの中をこちらに向かってゲジゲジと行軍して来るのは、たとえ短足だろうと足の数で（質より量で）勝負することで有名なムカデ野郎、しかも巨大なジャングルバージョンだった。**大怪獣ムカデオンだった。**

頭と尾の先にある、触覚なのか凶器なのかわからない針のようなトンガリがなんとも恐ろしく、また無数の足もそれぞれ先端は鋭く尖《とが》って一斉にウネウネと動いている。勘弁して……（涙）。

おまえなっ、そこのムカデな、オレに危害を加えたらどうなるかわかってるのかっ？　仮にもオレはマレーシアの貿易における最大の輸入国・日本国民であるぞっ!!　万が一オレが刺されて死んだりしてみろ？　そんなことになったら日本政府が黙ってないぞ。そんなことになったらなあ、**日本政府が強く遺憾の意を表明するぞっ!!!　なおかつ徹底的に厳しく今後の動向を注視するぞっっ!!!　より一層注意して情勢を見守るぞっ!!!!　とはいえ具体的な行動はなにも取らないけどなっ（涙）!!!**

おのれ〜っムカデと日本政府の野郎めっ!!　もういいからあっち行けよムカデ!!　使用中のシャワールームに入って来るなんて、ムカデさんのエッチ〜〜〜（涙）!!!

床の端に排水口があったので、オレは近くにあった水桶をいっぱいに溜めると、ムカデに向けて勢いよく水をかけた。そしてムカデは見事に排水口へ流れて行ったと思ったら水と一緒に壁に跳ね返ってスイ〜〜ッと戻って来たので、オレは絶叫しながら部屋に逃げた。振り返ってシャワー室の入り口を照らすと、水もしたたるいいムカデが調子に乗って部屋まで侵入して来ている。

くそ……ここはジャングルのど真ん中、大きな声を出しても誰も助けに来ないということを知っての卑怯な夜這いねっ⁉　**悔しいわっ‼　このケダモノッッ（涙）!!!**

ああ気持ち悪う〜。なんでそんなに足ばっかりなんだよ……。ねえあなたおかしいと思わないその姿？　自分で鏡見て、生き物として変だと思わない？　まさかジャングルだからそういう奇抜な外見でも許されると思ってるわけ⁇　**冗談じゃないわ‼　ジャングルという環境に甘えるんじゃないわよっ‼**

ていうか、もしかしたらこれは足が多いんじゃなくて、**ものすごい速さで走っているから足がたくさんに見えているだけ**なんじゃないだろうか？　その割にはたいして進んでないけど。

まあ、とにかく去れっ‼　おまえはここから去れっ!!!

オレは全裸のまま壁に立てかけてあったホウキを掴《つか》むと、注意深くムカデの野郎に接近し、レレレのレ〜とドアの外まで掃き出してやった。

ああ、やっとこれでひと安心だよ……。と思ったら、**なんか部屋にどでかい蜂が入って来てる（涙）!!!　怪獣っ‼　怪獣のような蜂っ（号泣）!!!!　おまえっ、いね!!!　いねコラっ!!!**　ぶーんぶーん（全裸で走りつつホウキを振り回す私）

ドカドカドカドカドカッッ!!!

今度はなに〜〜〜〜〜〜っっ（泣）!!!　すごい足音!!　屋根の上になにかいるっ!!!　なにかが歩き回っている屋根の上をっ!!!　なんなの〜〜〜〜〜〜っ（号泣）!!!　助けて〜〜〜〜〜〜誰かああ〜〜〜〜〜〜っっ（号泣）（号泣）!!!

…………………。

ああ…………。

そもそも、こんなに愛くるしいひきこもりのオレがいったいどうして自分の部屋でなく、このようなマレーシアのジャングルで夜を明かすことになってしまっているのだろうか？

話は、今から1週間ほど前にさかのぼるのである…………。

2. 楽しい密林　1

前章からさかのぼること1週間。

愛くるしい私ことさくら剛は、マレーシアの首都・クアラルンプールでおいしい食べ物の洪水に溺れ、文明生活を謳歌《おうか》していた。

なにを隠そう、今オレはアジア横断の旅をしているのだ。

いきさつを話すと長くなってしまうが、バイトや派遣の仕事で最低限の生活費を稼ぐ以外は1年のほとんどの期間を部屋にひきこもり、「第4回ひきこもり選抜総選挙」では見事最多得票(5票)を獲得し部屋のセンターで堂々とひきこもっていたオレことさくら剛は、ひょんなことから突然**「南アフリカ共和国から陸路で中国を目指す旅」**に出ることになってしまったのだ。

ふたことで言うと、1.中国に行ってしまった彼女を追いかける　2.旅をすることで自分を鍛え、ダメ人間から脱却する！　という目的のもと、オレはせっかく手に入れた「ひきこもりセンターポジション」の地位も投げ捨てて、いきなり地球の裏側へ飛んでしまったのである。

なんだかんだとここまで泣きつ悶《もだ》えつアフリカ大陸とアジア大陸を旅してきたわけだが、「旅に出て自分を鍛える」という当初の目標通り、今のオレはかつての自分と比べると、間違いなく**ダメ人間ぶりに拍車がかかっている。**

そもそもオレは、日本では「ひきこもり」という**人生の重病**にかかっていたのである。重病人にはまず体に優しいお粥《かゆ》を与えるように、ひきこもりが社会になじむためには、まずは「近所のノラネコにあいさつをする」程度の軽いリハビリから始めなければいけなかったのだ。それがひきこもりがいきなりアフリカ大陸縦断というのは、1週間点滴だけで過ごしている重病人にいきなり角煮とんこつラーメン（油多め、煮卵＆にんにくトッピング）の完食を強要するようなもので、むしろ治療としてはまったくの逆効果となってしまったのである。

だいたい、考えてもみろ。オレなんて日本ですらオドオドして人と話すことができないんだから、**アフリカに行ったらなおさら誰とも話せないに決まってるだろうがっ!!! コンビニのバイトの同僚とも仲良くなれない人間がどうやったらいきなり初対面のエチオピア人と仲良くなれるんだよっ!!! どんな共通の話題があるんだよオレとエチオピア人にっ（涙）!!!**

…………でも、好きな人からのメールの返事を待っているあいだは、そわそわしてなにも手に付かなくなるのは日本人もエチオピア人も変わらないの。

結局オレは、旅の中で社交的になるどころかむしろなるべく現地の人々との交流を避け、なおかつ旅の辛《つら》さを散々にボヤきながら日々を送ることになったのである。もしこんなオレの姿をラモス瑠偉《るい》が見ていたら、**「ふざけんなよ!! おまえなにしに来てんだよ! 魂が感じられないんだよ!!」**とブログ等で散々な激怒コメントをいただくことになっただろう。

ちなみにオレは旅のあいだアフリカやインドへの怨念溢れる呪いの日記を書き綴《つづ》っており、あろうことかそれが本として何冊も出版されるという奇特な事態が起こってしまった。

日記といえば平安時代に書かれた「更級日記《さらしなにっき》」という傑作文学があるが、その更級日記に対して、オレの旅日記は世間では**「恥更級日記《はじさらしなにっき》」**と呼ばれているという(号泣)。

だいたい、人間には向き不向きがあるんだよ。

もしオレが超アウトドア志向の色黒イケメンだったり、活動が日本だけでは収まらないような大物だったら長期海外進出も喜ばしいことかもしれない。でも、オレ日本で収まるもん。日本どころか、**杉並区方南町3丁目8番で収まるもん。小物だもん。**

オレにはもともと旅に憧れる気持ちなどないし、「時間とお金さえあれば海外に行きたいけど、なかなか余裕はないから旅行記でも読んで海外気分を味わおうかな」なんて思うこともまったくない。**あんたとは違うんだよっ!! そこで呑気《のんき》にこの本を読**

んでるあんたとはっ!!!　一緒にしないでくれ!!　オレはあんたと違って旅行にも旅行記にも一切興味なんてないんだよっ!!!

まあともかく、この世に生を受けてから、ひたすら部屋の中にこもりこもって十《とう》と七《なな》とせ。ついに日本を飛び出したオレは、日々嘆きボヤきながらもなんとかここまで、かろうじてあきらめることなく旅を続けているのであった（※年齢を詐称しています）。

さて、アフリカ大陸を号泣しながら北上し中東を経てインドへ進んだ後、オレはいったん飛行機でマレー半島の南端、シンガポールへ飛んだ。本来ならば節約のため飛行機は使わずコツコツと行きたいところなのだが、途中のミャンマーという国が政策により陸路で通過できないため、どうしても空路を使うことになるのだ。

ところが、直前までインドに2カ月もいたオレにとって、先進国シンガポールというのは夢の世界であった。

なにが夢かって、食べ物だ。

ここでは、日本とほとんど変わらない食生活が送れるのである。

なにしろ「たらちねの」といえば「母」であるように、「さくら剛」といえば「好き嫌いが多くていろんなものが食べられないの……（涙）」であり、受け付けない食べ物の数は尋常ではない。

だからこれまでの放浪の旅では現地の食事はひたすら口にあわず何も食べず、もはや今のオレの体脂肪率は**理科室にあるガイコツの標本程度**にまで下がってしまっているのだ。現在のニックネームは「歩くガリガリくん（略して歩《ふ》ガリくん）」である。

そんな痩《や》せ細ってしまったオレであるからして、シンガポールの街角でいきなりチェーン店のモスバーガーを発見した瞬間には、嬉しくて卒倒しそうになった。

シンガポールでは犬も歩けば吉野家に当たり、デパ地下の和食コーナーではすき焼き定食にカツカレーにとんこつラーメンにウナギの蒲焼きに焼き鳥が、食品売場には赤いきつねやどん兵衛などの日本製カップラーメンが勢揃い、コンビニエンスストアではカラムーチョやカルビーのピザポテトまで買えるのである。

右を向けばモスバーガーが、左を向けばカラムーチョが、正面には吉野家がそびえるこの光景。もしアフリカのスーダンあたりを歩いていて突然目の前にこんな景色が出てきたら、

「ああ、遂にこんな幻が見えるようになってしまったなんて……今までの人生で見た幸せな景色が走馬灯のように……もうオレは長くないな……」と**死を覚悟するレベル**のあり得ない夢の光景だ。

食事時には、どの店に入っても外れなしの選び放題。

ついほんの数日前までおよそ2カ月を過ごしたインドでは、食事のメニューはいつでも普通のカレーとチキンカレーとマトンカレーの**完全3択**だったのに。しかも、通常は3択クイズが出題されればどれかひとつは必ず正解なのに、インドのカレーの場合は**どの選択肢も外れ**なのである。漏れなくまずい。当たりがひとつもないのだ。怖いおじさんがやってる夜店のくじびきかよっ!!

もちろん日本食だけでなくシンガポール土着の食べ物も味わい深いものばかりで、特にオレが好きなのは屋台で食べられる「ラクサ」というヌードルであった。エビなどの魚介類と、ココナッツミルクを使ったスープが極上の一品。オレはこのラクサにはまってしまい、一時は本気で自分の名前を**「ラクサ剛」に改名しようとした**ほどである。

シンガポールを出国し、マレーシアに入っても状況は変わらなかった。

シンガポールとマレーシアは同じような新興国であり、食の環境もそっくりだ。

オレはとにかく、毎日ひたすら食った。食って食って食いまくった。アフリカや中東では食べられるものがなく1日1食以下ということが多かったが、今では毎日昼食を2回に夕食2回、1日5食、6食と、食事の数は爆発的に増えている。

もちろん、オレは愛情は無限だが胃は有限であるので、食事中に時折「もう食べられない……もう限界よっ（涙）！」と弱音を吐くようなこともあった。

でもその度にオレは、世の中には食べたくても食べられない子どもたちがいるんだということを思い出したんだ。

もしオレが苦しくても、めまいがするほど満腹でも、歯を食いしばって暴飲暴食を繰り返せば、それだけ世界のどこかでお腹《なか》を空《す》かせている子どもたちの空腹が紛らわされる**なんてことは一切ない**。

列島を二分した「さくら剛改名騒動」の発端となったラクサ

まあそりゃそうだよな。よく、好き嫌いをする子どもに向かって「アフリカの子どもたちは食べたくても食べられないんだぞ！」とお説教をする大人がいる。オレの中学の担任の宮本先生もそうだった。

だが、実際にアフリカを旅した立場から言わせてもらえば、**「遠い日本で誰かが嫌いな物をがんばって食べたおかげで空腹が和《やわ》らいだ」という子どもをアフリカで見たことは一度もない。**

だから、好き嫌いをする人間に対して「世の中には食べたくても食べられない子どもたちが……」と説教をするのは、間違いなく完全に**お門違いなこと**である。むしろ食べたくない物を無理して食べさせるなんて、食べ物を粗末にするにもほどがある。それならその食べ物を**アフリカに送ってやった方がずっと親切**であろう。

まあそんなことはともかく、オレは毎日毎日、どんなに満腹だろうと、目の前においしい料理が登場したら勇気を出して立ち向かった。ひたすら食べ続けた。とにかく食べた。世界のどこかでお腹を空かせている子どもたちの分まで。

そんな暴食な日々を繰り返していたところ、つい先月まではあまりの細さに理科室のガイコツの標本と間違われ、通りすがりの学校の先生に**何度も理科室に連れ戻される**ものだからなかなか旅が進まなかったオレも、シンガポール入国翌日には早くもエジプトのミイラ程度の皮ができ、さらに数日の後にはどこに出しても恥ずかしくないような、**人間らしい肉の厚み**を取り戻すことができたのである。ああよかった人なみに厚くなれて……。

閑話休題。

さて、それからさらにしばらく経《た》ったある日、オレは宿泊していたクアラルンプールの安宿で、ルームメイトたちと**満月を見ながら俳句の会**を風流に開催していた。

なにしろ安宿の夜は娯楽が少ないため、「俳句を詠《よ》む」程度のことでも十分に楽しいレクリエーションになるのだ。

もちろん、それは麻呂(オレ)やルームメイトの同志のような、古典文学をたしなむ素養のある上流階級の人間に限定されたことではある。下々《しもじも》の面々には、この趣《おもむき》深さは理解できないだろうがね(笑)。

オホンっ。

それでは早速、一句できもうした。

春の月〜　秋の月とは　そっくりだ〜〜

……………どや。

いかがかな？　うまいかかな？　ほっほほほほほほほほ。

それにしても、マレーシアの月ってすごく不思議なんだよな。普通は月というのは外に出なければ見えないものだけど、なぜかこの国では、部屋の中にいてもまんまるなお月さまが必ず見えるんだ。たとえ窓がない部屋だとしても。

今日も今日とて、手を伸ばせば届く距離に黄色い満月が浮いており、実際に手を伸ばして触ってみると、月というのは岩石でできているはずなのにあら不思議、なんだかモチモチと柔らかくて気持ちいいではないですか。

これはいったい、どうしたことだろう？

……………………。

あれ、ちょっと待って？

違う。

これ……、満月じゃない。

これは満月じゃなくてオレの腹じゃねえかっっ!!!!

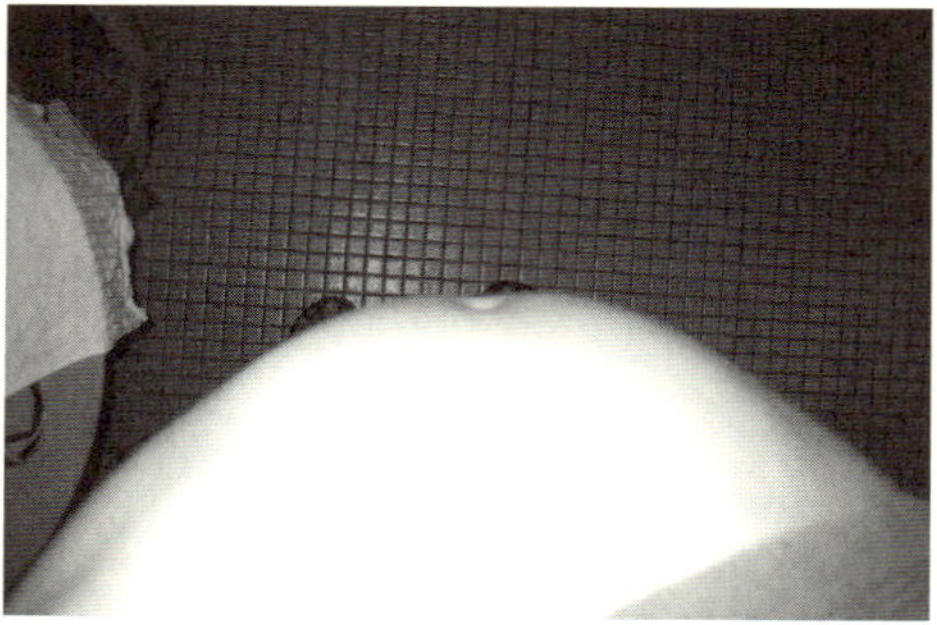

でよ〰〰ん
↑春の名月　※マレーシアの宿にて

しまった……。**食べ過ぎた（涙）**。

シンガポールからあまりの食べ物のおいしさに狂喜し、食欲を極め胃袋の限界に挑み続けた結果、なんとびっくり気付かないうちに腹周りの方も限界を超えた成長を遂げてしまっていたようだ。

くそ、どうして屋内に満月があるんだろうと思ったら、そういうことだったのか……。

ええいおまえら解散だっ!! 俳句の会は終わり!! 麻呂の腹を見ながら一句詠もうとするんじゃないっっ!!! これは名月じゃないんだよっ!! だんごを食うな!! ススキを飾るなっっ!!! しっしっ（ルームメイトを追い払う私）!!

こ〜れは、非常にまずいな。

ついインドでのガイコツ状態から、東南アジアに来てたったの10日でこの腹だ。このまるまると肥えた腹のままで旅を続けるのは、なんとも危険である。もし次の宿のルームメイトがサイヤ人だったら、毎日オレの腹を見て**凶暴な猿に変身**してしまうじゃないか。おまけにアメリカで月探査のアポロ計画が再開されようものなら、レーダーの誤認識により**オレの腹めがけてNASAからロケットが発射される可能性もある。**いくらこの腹に弾力があるとはいえ、３０００トンもあるサターンV型ロケットを跳ね返すのはひと苦労だ。

うーんどうしよう。もはやあと数週間で五つ子ちゃんが生まれてきても不思議ではないこの見事な出っ腹。困ったなあ……。

え～いこうなったら、**腹が小さくなる呪文を唱えてやるっ‼　腹小！　ハラシヨー‼　ハラショ——‼!**

…………。

そんなことで**小さくなりません。**

そうだ、そろそろなにか、食べるだけでなく体を動かす道楽も探してみようじゃないか。

いっちょ痩せてやるか！　エーコラっ‼

……といううことで、諸々《もろもろ》検討した結果、オレはクアラルンプールから6時間ほどの奥地にある**「タマンヌガラ国立公園」**という行楽地を訪れることにしたのである。

マレーシアといえばクアラルンプールなどの大都市を持つ一方で、まだまだ未開発な熱帯雨林、ジャングルも広く残っているという。

そのタマンヌガラ国立公園では、自然のまま手を加えられていないジャングルをハイキングしたり、川にボートで繰り出して急流を下ったりと、麻呂の大嫌いな屋外のアクティビティを体験できるということなのだ。

これはいい機会だ。ぜひジャングルを嫌々歩いて、5mにまで成長した腹周りを一気にシェイプアップしようではないか。

ということで早速その翌日、オレはバスのチケットを購入し意気揚々とタマンヌガラ国立公園を目指した。

クアラルンプールからまずはバスで3時間。その後は木製の細長いボートに乗り換え「テンベリン川」という川を遡《さかのぼ》り、国立公園の中心部を目指す。

川をわずかに進むだけで、すぐに周囲からヤブの迫るいかにも「ジャングルの奥深く」という風景になってきた。アフリカあたりの国立公園は草原が多かったのに対し、こちらは樹木が多く、「熱帯雨林」という表

現がぴったりだ。

熱帯雨林かー。雨林ってことは、やっぱり湿気がすごいのかな……。スコールなんかも降りやがるのかな……。

ああ、やっぱり来るんじゃなかった。そんな湿気が多かったらさあ、体に良くないって絶対！　腹だってよけいに膨らんじゃうって!!　湿気でぶよぶよになるって!!　**雨の日に道端に落ちてるヤングマガジンみたいになるって!!!　5倍くらいにぶよぶよに膨れるって!!!**

せめて、辛いのは暑さと湿気だけにしてくれよ。頼むから。ひょっとして他にもなんかあるの？　まさか……、**蚊とかいないだろうね。**それだけは勘弁してよマジで。**蚊とか虫がいたらすぐ帰るからねオレ。**

左から右から薄気味悪い樹海が押し寄せる川を、さらに3時間もかけてボートで奥地へ進む。

やっと到着したのは、東京都2つ分もの面積があるタマンヌガラ地区で、唯一切り開かれている中心部の「クアラタハン」という小さな村であった。

クアラタハンは川の両側に食堂やツアーオフィスがこぢんまりと並んでいるだけの集落で、辺りは360度、見まわせば密林、見渡せば密林である。どうやらここには吉野家やモスバーガーやカラムーチョやカツカレーや餃子の王将や静岡県内におよそ30店舗を誇る「げんこつハンバーグの炭焼きレストラン『さわやか』」はなさそうだ。………そしたらオレ、もう食べる物ない(涙)。

なんだかすごいところに来てしまった気がするな……。

ここはもう、完全に陸の孤島である。川以外には、外部との接触は完全に遮断されている。推理小説なら**連続殺人事件の舞台にもってこい**の場所だ。

大丈夫だろうか。一緒にボートに乗っていた観光客の中に金田一少年やコナンくんはいなかっただろうな。もし金田一くんやコナンくんと一緒に陸の孤島に行くツアーに参加したら、**たいがい参加者の半分は殺されることになるからな。**彼らは旅行中に身の回りで連続殺人事件が起こらなかったためしがないんだから。ああ恐ろしい。

しかしどうやらボートに日本人はオレだけだったようで、白人ツーリストたちは上陸を果たすとあるいは現地ガイドに連れられ、あるいは地図を手に、明確な目的を持ってあちこちに散って行った。

やはりオレ一人取り残されるのか……。もう夕方だし、オレも早く宿泊地を決めなきゃまずいな。

…………、のであるが。

オレが持っているガイドブックには、ほんの数ページだけこのタマンヌガラ国立公園について書かれた部分があるのだが、そこに「ブンブン」と呼ばれる動物観察小屋についての記述があった。

ブンブンはジャングルの中にいくつか設置されている小屋で、通常は昼間にトレッキングがてら立ち寄り、近くを通る動物や鳥を観賞するためのものらしい。

ところがこのブンブンには、申請を出せば宿泊することもできるというのだ。そしてガイドブックには、編集部から読者に向けた次のようなひと言が掲載されていた。

『勇気がある人は泊まってみれば？』

……………。

なんだって……。

こ、この挑戦的なセリフ。わかるぞ。オレには、これを書いた人間の心の中がわかる。

これは間違いなく、**ひきこもりに対する挑発**である。

オレには見える。『勇気がある人は泊まってみれば？』の後に、編集者の心の声で、オレに向かってこう書かれているのがはっきりと見える。

「勇気がある人は泊まってみれば？…………まあそうは言っても、中学生になってもママに見ていてもらわないと夜トイレに行けなかった情けないあんたには、そんなこと絶対に無理でしょうけどね（笑）。おまけに冬場になると静電気を恐れるあまり車から降りてもドアをなかなか閉められなくて、何回も手を伸ばして触るか触らないかのところで長時間躊躇《ちゅうちょ》して、やっとドアに触ったと思ったら『プチッ』程度のミニマムな静電気が出ただけでも**『アア〜〜ッ（号泣）!!!』**と絶叫して取り乱す、世界最弱の臆病者でしょうあなたは？それに虫とか爬虫類《はちゅうるい》とか一切ダメで、テレビだって蛇が出てきたらすぐチャンネルを変えるし、蛇皮の財布なんか絶対さわれないし、インターネットでグラビア画像を収拾している時でもアイドルが蛇皮の水着を着ていたら気持ち悪いから保存しないじゃない。そんな気の小さいあんたなんてもんが、一人でブンブンに泊まれるわけがないわよねえ？　あははっ（笑）。**この腰抜け野郎!!**」

…………。

なんだとテメ〜〜〜っっっっ!!!

お、おのれ。なんという屈辱。大枚１６４０円（税別）も払ってガイドブックを購入した大事な読者であるオレを、腰抜け呼ばわりとは……。

この、このこのっ!!　オレのような肝っ玉の小さい人間は、どうせブンブンなんかに泊まれるわけがないというのかっ!!　ブンブンに泊まる勇気もないオレのような人間は、ラブレターを渡した中目黒の薬局の女の子にシカトされるのも当然だし、それどころかオレを好きになってくれる女子なんて未来永劫この世に誰もいないというのかっ!!　**オレは一生結婚できないというのかっっ!!!　孤独すぎて老人になったらスーパーマーケットでマグ

ロの刺身を万引きして、捕まって泣きながら謝っているシーンが夕方6時35分ごろのニュースで放映されるというのかっ!!!

…………。別にそこまで言ってないか。

そうかよ。

そこまでコケにされちゃあ、オレも黙っているわけにはいかねえよ。もう黙っていられない。**きゃ〜〜っ!!　きゃ〜きゃ〜っっ!!**（黙っていられないので叫んでいます）

わかったよ。

そこまで言うなら、泊まってやろうじゃないか。

オレが腰抜けなんかじゃないってことを、あんたらに見せてやろうじゃねーか!!　**見させやっ!!　これが10代からミセスまで絶大な人気を誇るひきこもり、さくら剛の根性やっっ!!!**

地図を見てオレが選んだのは、数あるブンブンの中でも最もたまたま目についた、「ブンブンヨンブンヨン」という小屋である。

宿泊のためには申し込みと宿泊費の前払いが必要だということなので、オレは公園の管理事務所を訪れた。

「すみません管理人のおじさん。僕が腰抜けではなく勇気あふれる男だということを証明するためにブンブンヨンに泊まりたいんですけど、いいですか?」

「残念だけど、今日はもう無理だな。もう夕方だし、ジャングルは暗くなるのが早いからな。迷ったら大変なことになる」

「ブンブンに向かうのはほかでもない、無尽蔵の勇気と方向感覚を持つ僕だというのに無理ですか?」

「おまえだからこそ無理」

「じゃあ、ブンブンヨンのすぐ近くの波止場までボートをチャーターして行って、そこから歩くことにします。それならOK?」

「まあそれならギリギリOK。何泊する?」

「えっどうしよう。なにも考えてなかったけど、じゃあ2泊で」 ↑後々深い後悔を呼ぶセリフ
「じゃあここに名前を書いて。2泊分前払いな。ちゃんと水と食べ物は持って行くように」

「はいはーい。一応おいしい菓子パンをクアラルンプールから持って来たし、隣の売店で水もたくさん買って行きますよう」

「そうしろよう」

事務所で手続きを済ますと、オレは2ℓのミネラルウォーターを3本買って、川辺にいたボートのにいちゃんをつかまえてブンブン近くまで行ってくれるように交渉した。

ブンブンヨンは、クアラタハンの村から直線距離で4㎞のところにあるらしい。ジャングルを歩いて行くと2時間以上という、陽も沈みつつある今の時間では到達が困難な場所だが、公園中心部を流れるテンベリン川に比較的近いため、川からならばかなりの近道ができるらしい。

ボートに乗り込み川を下ると、村の風景は一瞬で途切れ、すぐに景色はただのジャングルに戻った。人工物はなにもない、オンリージャングルだ。緑色だった木々は、徐々に夕闇の中で黒ずみ出している。

猛スピードで下流に進むこと15分、小さな波止場、もといただのコンクリートの出っ張りにボートが横付けされると、船頭のにいさんが「ここだ」と促すままオレは飛び降りた。

奥へ向かって、みすぼらしい石の階段が上っている。その先は、完全に人の気配のないマレーシアのジャングルだ。

ねえちょっといいですか。

あのう……、**怖いんですけど(涙)**。

上陸して5秒後、やっぱりブンブンやめて村へ帰りましょうねという考えが頭を占領し始めたがしかしその5秒の間に、振り返るとボートはすでにUターンし、暗い川へ消えて行くではないか。

おい、なんでそんな早く帰っちゃうのよあなたっ!!! ねえちょっと! オレに決断を翻させる時間くらい与えてくれよっ!!! やっぱり帰りたいんだけど(泣)!! ちょっと待ってよ!! 待ちゃあ! 待ちゃあ(号泣)!! (フジテレビ「大奥」で安達祐実演じる皇女和宮ふう)

……………。

行ってしまった……。完全に、一人取り残された。地域で唯一の村から4㎞も離れた密林に、たった一人残された。もう、戻れない。

怖いよお……。怖い。無尽蔵の勇気とスピリッツを持つオレですらこんなにも怖くなってしまうんだから、ジャングルっていうのはほんとに恐ろしいところだよお(涙)。

ともかく、とりあえず早く小屋まで行こう。これ以上暗くなったらシャレにならないぞ。

ジャングルへ続く階段は、まだまだ上りの斜面が続くというのに10段目でいきなり途切れ、ただの土になった。スコールでも降ったのか、それともやはり雨林だけに常に湿っているのか、上り坂の地面が泥で覆われていて尋常でなく滑る。

オレは背中に20kgのバックパックを背負い、腹にもうひとつ別のリュックをくっつけ、片手に寝袋や食料や水の入った袋をいくつも吊り下げてもう一方の手で辺りの木の枝をつかんで、必死で上った。重い……。特に、水が重い。ペットボトルの水、2ℓ×3が重い。指が千切れそうだ。

というか、**腹も重い**。七福神の布袋《ほてい》様もしくはハート様のような肉に満ち溢れたこの腹。これはもう、バックパックがもう1個増えたようなものである。みんな……、これからはオレのことを**「ヤング布袋様」と呼んでくれよ！**　オレの腹をなでると**金運が上昇するよ。**さわさわしてもいいよ♪

ぬう、邪魔だこの腹!!　こういう非常時に、トカゲの尻尾《しっぽ》的に切り離すことはできないものだろうか。指は千切れちゃイヤだけど、腹なら千切れていいのにさ。**なんなんだよこの腹は!!　場もわきまえずにタプタプ揺れやがってこのKYがっ!!!**

全力で上り坂をやり過ごしいよいよ平面のジャングルに突入、してみるとそこには夕方の弱々しい太陽では照らしきることのできない、薄暗いマレー半島の密林が広がっていた。

いやあ、暗いですねえ。

……………。

ねえお願い。

帰してっ‼　やっぱり小屋やめる‼　高いロッジに泊まるからみんながいる場所に帰してっっ(涙)!!!

しかしその叫び声は、すでに遠く持ち場へ戻ったボートの運転手や、４㎞先の村にいる人々には到底届くことはなかったのである……。

3. 楽しい密林　2

お〜〜い！　誰か〜〜!!　誰かいないの〜〜たとえば大島優子ちゃんとか〜〜〜っ!!　いないの〜〜っ（涙）!!!

…………。

見渡す限り360度、すべてどこもかしこも皆オール満遍なくジャングル。

その秘密の林つまり密林に向かって大声で呼びかけてみても、反応はない。いや、もしかしたら**やぶ蚊など**がやって来て「誰か呼んだかい？　ワオ！　食事の時間だね！　見るからに栄養満点、でっぷりと肥えて美味《うま》そうな肉の塊《かたまり》！　いただきまーす。チューチュー」と**麻呂の腹の血を**吸っているかもしれないが、しかし人間や目に見える大きさの動物の反応はとりあえずない。**ていうか蚊は大嫌いなんだよっっ!!!**

もう大島優子ちゃんじゃなくてもいいから、せめて誰か他のＡＫＢ48メンバーと出会えないだろうか。

なにしろ、熱帯雨林というのは面積では地球上の陸地のたった5％を占めるにすぎないのだが、そのわずかな地域に**全動植物の半数近く**の種が棲息しているそうなのだ。だったら確率的に、48人の少女がいればそのうち20人以上は熱帯雨林にいるということになるじゃないか。**それなら1人や2人はタマンヌガラ国立公園でたまたま遭遇してもおかしくないだろ‼　そういう計算だろっっ!!!**

辺りは360度ジャングルであるが、360度あまりにも暗い。

たしか、まだギリギリ太陽は沈んでいなかったはずだ。真上に目をやると、わずかに木々の隙間《すきま》から見える空はまだそれなりに白い。にもかかわらず、無数の木の葉と樹木で覆われた辺り一帯の雰囲気はすっかり夜である。だいたい、マレーシアもマレーシアだ。こんなに早く暗くなるんなら、街灯くらい設置したらどうなんだよ‼

こんな暗かったら密猟者のみなさんも密猟がやりにくくてしょうがないだろうがっ!!!

いやいや、そういうことじゃなくてね。密猟はできなくていいんだけど、ジャングルの王者ターザンやターちゃんが密猟者を見つける時に、この暗さじゃ困るじゃな

いのよってことを自然と動物を愛する博愛主義者のオレは言いたかったまでだよワレ～。

ともかく、かろうじて光が差し込んでいるうちにブンブンまでたどり着かなければとてもまずいことになりそうだ。

川が近いため進路を見失ってもひと晩じっとしていれば遭難は免れるだろうが、そのひと晩の間に無事でいられるとは限らない。このおいしそうなツンツルでプリンプリンの出っ腹を持っている限り、アナコンダあたりの夜食として丸呑みされる可能性もおおいに考えられるのだ。今のオレを呑んだなら、きっとアナコンダさんの**金運が上昇するでしょう**。

叫んでも、誰にも声は届かない。人がいるのはここから４㎞先、クアラタハンの村だけだ。急がねば。

泥の斜面を上り切ったところから、草木の間にわずかに踏みならされて土が見えている部分が前方に延びている。多分、これが道なのだろう。前後左右荷物に囲まれた重装備で、日没との戦いに勝つためオレは超特急で歩を進めた。

もはや全身はとっくに汗でグッチャグチャ。そして吐き出す息と汗は、密林の狂気・蚊の大群を呼び込んだ。

ああ、来たよ。恐れていたものが来た。１匹の蚊すら存在を許せないのに、こんなに四方

八方から一斉に‼　むお〰〰っ‼

すごい数だ。顔の周り、体の周りを**オレを中心にした簡単な竜巻のように**黒い団体の周回軌道が作られている。おそらく50匹近くはいるに違いない。AKBには出会えなかったというのに、**歌って踊るやぶ蚊の集団YBK48**《やぶか》にはこんなに簡単に遭遇できるなんて。会いに行けるアイドルどころか、**会いに来てくれるアイドル**だ。なんだかすごく**ぶっ殺したい。**ＹＢＫ48を振り払うため時折その場でバタバタと暴れ狂いながら、足元に積もる枯れ葉を蹴散らし進むのだが汗が額から頬《ほお》を伝って1滴落ちるたびに、どんどん辺りは闇に包まれて来る。

なあ、小屋って、船着場のすぐ近くにあるんでしょ？　もしかしてオレ、ここまでの途中で道を見失ってないだろうな？　今オレの下にあるのは道だよな？　この道は、ずっと一本道だったよな⁇　こんなに焦らずに、もうちょっと、分岐している部分がないかどうか慎重に見てくればよかった……どうしよう……。

でも暗い。もう戻って確認はしてられへん。アラレちゃんの村にいるような喋る太陽だったら、「すいません、ちょっと道を間違えたかもしれないんで一度戻りたいんですけど、そのあいだ沈むの待ってもらえませんか？　これでコーヒーでも飲んでてください」と500円くらい渡して交渉するのだが、悲しいかなマレーシアの太陽は日本のと違って喋らない。

おまけにご覧の通り、こっちの太陽は日没前でもジャングルをきっちり照らしきる技術がないのだ。こういうところはまだまだマレーシアと日本の技術力の差を感じちゃうよね。日本の高性能の太陽だったら、うまくクイっクイっと光線を屈折させてこの程度のジャングルは完璧に明るくできるぜきっと。

いったい何分くらい歩いているのか、時計を見る余裕はなかったのでわからない。そうこうしているうちに、今度は本格的な分岐、森の中のY字路が目の前に登場した。

慌てることはない。ロールプレイングゲームと違って、現実の世界ではこのような場合は必ず標識があるはずだ。だって仮にもここは国立公園なのだから。どこだ。標識はどこだ？を、あった！

そこには予想通り、「Bumbun Yong（ブンブンヨン）」と書かれた矢印形の標識が、通路脇の茂みの中に倒れて**完全にあらぬ方向**を指し示していた。

…………。

もうそろそろ、本格的な夜の到来である。もちろん夜といっても、「新婚さんいらっしゃい！」で桂三枝が言う**「で、夜の方は？」**という意味の夜ではなく、ただ寂しいだけの熱帯雨林の夜だ。**ふざけんなテメーーっ‼　標識の管理をもっと徹底しろよっっ‼!**

いったいどっちに進めばいいんだ。わからない。そうだ、こうなったら、「Yahoo！知恵袋」に投稿して聞いてみようか。一流大学の入試問題もすぐに解答がつくくらいだから、ブンブンヨンへの行き方くらい簡単に教えてもらえるだろう。

ああ、でも**ネット環境が〜〜**。ノートパソコンは持っているのに回線がない。おい、その辺の広葉樹の根元にLANコネクタくらいついてないのかよっ。フリーwifiはないのかこのジャングルには!!

この選択は極めて重要だ。黒ヒゲ危機一発で言えば、まだ人形は残っているが剣を刺すところが**あと2カ所しかない**というような状況だ。誤った道に進めば、黒ヒゲ人形がボヨーンと飛び出すのと同じように、マレーグマあたりがボヨーーンと飛び出してくることも考えられる。そしたら麻呂は豊満な腹の肉をボヨヨーーンと繰り出して跳ね返してやりたい。

ここはよーく考えてみよう。ヨーグルトのヨークを食べながらヨーク考えてみよう。

このY字路、左側の道は今進んで来た方向からそのままに近い、まっすぐである。それに対してもう一方はジャングルの内側に向かって延びている。オレが見た地図では、ブンブンヨンは比較的川沿いにあったはずなので……。

こっち！

あった。

おおおっ。

いや～～、あったのはよかったけど、**とてもおどろおどろしいですよね……(涙)**。

おそらく動物から距離をとるためだろう、ブンブンヨンはいくらか高床式になっている。木製の階段を上るとオレは鬼気迫る小屋のドアを、開けようとしたのだがなぜかドアノブがなく、その部分はぽっかり穴が開いている。

これは、壊れているというよりドアノブを最初からつけなかったのだろう。ここは本来ジャングルトレッキングの途中でちょっと立ち寄るだけの観察小屋、ドアがきっちり閉まる必要などないのだ。

なにも引っかかりがなくフワフワしている扉を押すと、音もなく開いたその向こうからはさらなる闇が姿を現した。

見えん。**なにも見えん。**

猛獣とか毒蛇とか山賊とか待ち伏せてないだろうな……(泣)。とりあえず、電気、電気をっ！

オレは壁際の電気のスイッチを、手探りで探したけれど見つからない。見つからないというより……、そもそも電気などないのだ。うう……まあそりゃそうだよな……。この小屋のためにわざわざジャングルを何㎞も電線引っ張ってこないよな……。

さすがになんの準備もなくここに来るほどオレもアホではないので、アホというよりむしろインテリなので、抜け目なく懐中電灯は用意してある。オレは腹に背負った（腹負った）リュックからライトを取り出すと、部屋の中を照らした。

暗闇の中で丸い明かりに照らされたのは、古ぼけた木製の2段ベッドの列。シーツもマットもなく、むき出しの板張りである。真っ暗な中に茶色い板張りのベッドだけが6列も並び、その木の枠組みは人影にも見え、照らされたベッドの向こう側、ベッドの下、光の当たっていない真っ黒な空間になにかいるのではないか、そんなお怖い考えが頭をよぎって**もう生きた心地もしないわ〰〰っ（号泣）!!!**

ん？

なんだありゃ〰〰〰っっ!!!!

入り口の反対側にある壁に懐中電灯の光を向けると、そこにはなにがあったというより、なんとビックリ**壁がない。**光の向こうに、なぜか外のジャングルがそのまま見えているのだ。近づいてみると、壁が半分くらい完全になくなっている。

そうだ。ここはそもそも動物を観察するための小屋。大人数でもお手軽にジャングルを行く動物を見物できるよう、常時オープンな状態なのだ。

でもこれって、動物の観察には便利だろうけど、**宿泊する人間のことを考えてないじゃん!!　いつでもいくらでも虫も鳥もその他もろもろも小屋の中に入り放題じゃん**

っっ(涙)!!!　しかもドアにも鍵がついてないのよっ!!　西部劇のバーの扉みたいにフワフワしてるんだからこのドア!!!　これじゃあチワワ程度のものがちょっとドアに触れただけで簡単に開いちまうでしょうがっっ!!!

オレはとりあえず深呼吸して荷物を置くと、木製のむき出しベッドのひとつに腰をおろした。整理してみるとどうやらこの小屋には、①鍵がない(号泣)。そして②電気がない(号泣)。さらに、③壁がない(号泣)。

こんな宿泊施設があっていいのかこの世界に？　電気はともかく、鍵も壁もないのだ。おまけにここは密林の中。獣が来ようと山賊が来ようと、精一杯絶叫して助けを呼んだところで誰にも届かない。

…………。

武器だっ！　武器の用意だ!!

まずオレはバックパックから果物ナイフを取り出し、いつでも手に取れるように、木製のベッドの頭の部分付近に置いた。しかしこんな短いナイフはマレーグマのパンチやアナコンダの牙や山賊の刀に対抗するにはリーチが足りないので、続いて硬い木の枝を集めて来ることにした。

オレは小屋を出るとすぐ前の密林に立ち入り、眺めてみると都合の良いことに適当な棍棒が落ちていたため、それを拾って装備することにした。武器や防具は、持っているだけじゃ意味がないんだ。ちゃんと装備しなきゃな！ってよく言われましたよロールプレイングゲームの最初の町の住人に。

あああぎょあえ〜〜〜っっっっっ（号泣）!!!!!

い、痛い!! いだいいっっ（涙）!!!

地面に落ちている棍棒を拾った瞬間、なぜか手の平に走る激痛。オレは叫び声をあげて木の枝を取り落とした。

なんだっ。なにが出たのっ!?

よく目をこらして地面を見てみると、そこには一見蟻のような形、しかし蟻にしてはものすごく巨大で、しかも頭の先に**よく手入れされた豪華なハサミ**をつけた謎の密林昆虫が、通り魔のような狂暴そうな目でオレにガンをつけていた。

うぬぬちくしょう……、巨大なハサミを出し惜しみせず全力でオレをちょんぎりやがったなテメエ……。

おいキサマ、**人間さまに手を上げたらどうなるかわかってるだろうなコラッ!!　この地域一帯は、今日と明日は金を払っているオレのものなんだよっ!!!　地主に逆らう奴は命をもってその罪を償ってもらうぜこの虫ケラっっ!!!　死ねや〜〜〜〜っっ!!!**

ああああぎゃあおえ〜〜〜〜〜〜〜〜〜っっっっっっ(号泣)!!!!!!

罪深き反逆者(ハサミ虫ケラ)を踏み潰すため勢い良く片足を上げたオレはしかしその瞬間「アレっ、オレの足になにかくっついてるぞ?」と気付き、そのまま空中で確認してみると、半ズボンから飛び出た地肌のふくらはぎに、**気色悪いナメクジ**がピッタリとくっついていた。

いや〜〜〜〜〜〜〜〜〜っっっ（号泣）!!!!　助けてっっ!!　気持ち悪いっ!!　取って!!!　誰か取って（涙）!!!　でも誰もいないっっ（泣）!!　でも自分で取ろうにも、気持ち悪くて触れないからどうしたらいいかわからないっ（涙）!!!　いや〜〜〜〜〜〜〜〜〜っっ（号泣）!!!!

「チューチュー。チューチュー。」

…………？

なんなのっ!!　なんでナメクジがチューチュー言ってるのっ!?　**ナメクジは普通チューチューなんて言わないものでしょっ!!　チューチューじゃなくてナメナメでしょうがっ!!!　なんの音なのよそれはっっ!!!**

おや？　おやおや？　よーく見るとあれまあ（笑）？

血っ!!　血を吸ってる（涙）!!!　ナメクジじゃない!!　これ、ヒルですっっ!!!　ヒルっっ!!　ヒルなんですっ（涙）!!　ヒルがオレの血を吸っている〜〜!!　取って!!　誰か取ってお願い（号泣）!!!　いや

あああ〜〜〜〜〜〜〜（涙）（涙）（涙）!!!

完全なるパニック状態に陥りながら（情けな〜〜）、しかしかろうじてポケットから買ったばかりの軍手を取り出して、無尽蔵の勇気を持つ男の中の男であるオレは必死でふくらはぎをはたき、ヒルを叩き落とした。

あああぎゃえおを〜〜〜〜〜〜っっっっっっ（号泣）!!! !!!

気付くと今度は逆の足の靴に別のヒルがくっつき、そのおぞましい物体はおいしいふくらはぎ目指してクネクネクネクネクネと気持ち悪い**尺取り虫の動き**で、少しずつ気持ち悪く気持ち悪く這い上がっていた。

いやあしかしこいつ見た目はナメクジでも、前に進む動き方が全然違うよね。実に勉強になるなあ。森林での体験学習だね。**気持ち悪う〜〜〜（涙）!!!　えいやあっ、えいや〜〜っっ!!!!**　↑やはり軍手で叩き落としている

もういやだ〜〜っっ（涙）!!!　やっぱり小屋に泊まるのいやだ〜〜〜っっ（号泣）!!!　もう帰して〜〜〜静岡に帰して〜〜〜〜（号泣）!!!!

オレは泣きながら小屋へ戻った。

次世代の狂暴なジャングル蟻に手の平をチョッキン切られ、人に迷惑をかけるために進化した頭のおかしいナメクジに生き血を吸われながら、しかしかろうじて武器の棍棒だけは確保して。

ちょっと、落ち着こう。落ち着いて、トイレにでも行こう。

ブンブンヨン、すなわちこの小屋には鍵も壁も電気もないが、一応トイレとシャワー(もどき)だけは付いている。

こんな状況でも、トイレが屋内にあることだけはありがたい。もし仮に夜中に**いつもの腹痛**にでもなり、外のジャングルで尻を出してしゃがみ込もうものなら、きっとよく熟れたメロンのような高級なオレの尻にはハサミ蟻と狂いナメクジ(ヒル)が大量にかぶりつくに違いない。排泄中で身動きが取れないオレの尻はハサミ蟻の強力バサミでザックザクに切られ、大勢のヒルが密集して血を吸い、そのヒルの集団がかぶり付いて茶色くなった尻はハタから見たら**盛大にもらしちゃった人**に見えることだろう。

まあ、それはそれでにじり寄って来たアナコンダが「うわっ、せっかくのご馳走《ちそう》だと思ったのに、こいつ尻にめちゃめちゃ汚物がついてるじゃん！　汚いなあ!!　こんな奴食えるかよっ!!」と引き返して行くかもしれないので、**尻を犠牲にして命を守れる**という点ではむしろ良いことかもしれないが。

しかし自分が危険から逃れるために長年連れ添った大事なお尻を犠牲にしたとなると、世間でのオレの評判は地に落ちてしまうかもしれない。少なくとも、「人でなし」のおしりは免れないのではないか。いや、そしりは免れないのではないか。

せめて吸うんならお尻じゃなくてこの臨月ふうお腹にしてくれれば、ウエストが引き締まって人並みな体型に戻れるのにな……。

ともあれ、とりあえず今夜使うベッドを決め、枕元に果物ナイフと棍棒と小屋の隅にあったホウキを集め、緊急時に備える。

少し部屋の中を散策しようと真っ暗なベッドの隙間を歩いてみたところ、グワーッと蜘蛛《くも》の巣が顔面に絡みつき、オレは叫びながら大暴れし隣の2段ベッドの角に全力でヒジをぶつけた(涙)。

もう動き回るのはやめることにし、オレは先ほど村のインフォメーションでもらった、国立公園のパンフレットを読んでみることにした。そもそもこの小屋は動物を観察するために作られたもの。それなら、具体的にどんな種類の動物がこの小屋から見られるのだろう?

懐中電灯で照らしつつ熟読してみると、なんでもこのタマンヌガラのジャングルでは、昆虫や鳥は言わずもがな、リスやトカゲ、猿、水牛に鹿などは頻繁に、そして**運が良ければ、**

大蛇やマレーグマ、ヒョウや象、さらには**虎**などが見られるそうだ。

ほほう……。

これはおかしい。「運が良ければ大蛇や虎などが見られる」という表現はおかしすぎるぞ。だって、こんな壁のない小屋で大蛇や虎を見るということは、それはつまり大蛇や虎と完全に仕切りなしで**ご対面**するということじゃないか。

もしこれが、タマンヌガラのジャングルには大島優子ちゃんや深田恭子ちゃんが棲息しているとして、**「運が良ければ大島優子ちゃんや深田恭子ちゃんとご対面できます」**とパンフレットに書かれていたら、それはまったくその通りだ。それはそれは最高に運が良いことだ。

ところが、虎に遭遇して「やった！　オレはなんて運が良いんだ！　こんなところで虎に会えるなんて！　うれしい……、虎さん出て来てくれてありがとう。**なでなで**」などとスキンシップをはかったなら、**食われるだろうがっ!!!　死ぬだろうがっっ!!!　それのどこが運が良いんだよっ!!!　死後の世界はユートピアであるという思想信条かおまえはっっっ!!!!**

…………。

ああ……。

真っ暗闇の部屋の中、怪虫と怪鳥の声に囲まれ壁から、そして鍵のないドアからの侵入者に怯《おび》え温度と湿度と恐怖心で頭から温冷の汗が流れ落ちるのが、視覚がふさがれている分とてもハッキリクッキリわかる。

自分の周りに空間があるはずなのに目を凝らしてもなにも見えないという状況が、恐ろしくてしょうがない。なにか、なにかが部屋の隅にいて、じっとこっちを窺《うかが》っているような気がするのよお(涙)。

プ～～～～～～～～～～～～～～～～～～～～～～～～～～～～～～～～ン………

はっ。

蚊だ。空《あ》いた壁から、容赦なくすんげえ数の蚊が侵入して来ている。YBK48が、研究生まで大量に引き連れてYBK480となって押し寄せている……。

うごが～～～～～～っっ!!!!

一瞬ひるみながらも、数多くの蚊取りグッズを持参している抜け目ないオレは、バックパックから日本製蚊取り線香を取り出すと、そこかしこに仕掛けた。特にオープンになっている壁際には重点的に設置し、さらに設置した蚊取り線香は必ず外側と内側の両側から火をつけ2倍の攻撃力を持たせた。

壁はないが、しかし煙の壁が出来上がった。

どうだ、オレのおいしい生き血を狙い侵入を図っても、もはやここを通過して落ちない蚊はいまい。もしかしたら蚊取り線香の焚《た》きすぎで森に引火するかもしれないが、**たとえジャングルが全焼しようとも蚊に刺されるよりはマシである。**ＹＢＫごときに渡すくらいなら、小屋もろともオレの肉体を燃え上がらせ最後の1滴の血まで蒸発させてやろうではないか。こ、こいつ……、なんてすさまじい覚悟なんや……（自分に対して）。

念の為《ため》ドアの前やベッドの下にも蚊取り線香を設置し、なおかつベッドの上には電池式の「どこでもベープ」を配備しスイッチオン。

ふっふっふ……。たとえマレーシアの、いや世界の全ジャングルから100億匹の蚊が集まって来ようとも、この防衛戦を突破しオレの体までたどり着ける奴は1匹たりともおるまい。オレのことを「籠城《ろうじょう》戦の天才」と最初に呼んだのは誰なのか定かではないが、これこそがひきこもりの真骨頂である。なにせ30年近くも自宅にひきこもっていたのだから、籠城は得意中の得意。もしオレが北条家の家臣として小田原城にひきこもっていたら、**豊臣秀吉でも城を落とすことはできなかっただろう。**

よし、ＹＢＫ対策はこれでいいとして、次は明かりを確保しよう。電池の節約のため懐中電灯を切った今、視界の中で光を発するのはただ蚊取り先端（かとりせんたん）のオレンジ色のみ。

しかしこんな時のために、抜け目ないオレは非常用としてひと箱のローソクを携帯しているのだ。毎度毎度、抜け目ないだろう。もうここまで来ると、抜け目ないというより**カッコいいよね。**カッコいい域にまで入ってるよね明らかに。頼り甲斐《がい》があり過ぎるにも程があるんだよオレっ!!

ということで箱からローソクを取り出すと、オレは鋭く火をつけた。

おお……これは……。

なんか……、**余計に怖くなった…………。**

とりあえず2本のローソクに点火し立ててみたのだが、それなりに明るくはなったものの、**お化け屋敷に最適だと思われる絶妙な光量**で、むしろ恐怖は倍増したような気がする（涙）。

こうなったら、ありったけのローソクを燃やしてやる!!

オレは怨念を込めて10本のカラーローソクすべてに火をつけると、コンクリートの床に順番に置き、円形に並べて自分のベッドを取り囲んだ。

どうだ見やがれっ、世界の不景気をも吹き飛ばすこの明るさをっ!!

……………。

やっぱり怖いっっ(涙)!!!

オレは気付いた。一人で真っ暗な小屋にいる時のローソクというのは、**たくさん並べれば並べるほど怖くなる**ということに。

木製の古びたベッドを大量のローソクが囲んでいるというこの奇怪な風景は、明るいというよりむしろ**悪魔召喚の儀式**のような雰囲気だ。この祭壇を前に黒魔術の呪文を唱えれば、**魔王ベルゼブブでも降臨するのではないだろうか。**

仕方なくオレは、怖さにおののきつつ1本ずつローソクの火を消していった。消す時は消す時で、百物語のように最後の1本を消した時に**本当の災い**が起こるような気がして、結局怖かった。**この役立たずのローソクがっ!!!**

一応、3本だけそのままにしておきました。

結局その後ノートパソコンの、ビジネスマンの必須アイテムPanasonicレッツノートの電源を入れたところ、その画面がローソクを凌《しの》ぐ一番の光になってくれたのである。いやあ素晴らしいな……。こんなジャングルの中で、電源もなくともパーソナルコンピュータが稼働するとは……。ありがとう。

それじゃあ明かりはこれでいいとして、せっかく動物観察小屋にいるのだし、ちょっとだけ外の様子を見てみようかな。

せめてブンブンに泊まった元を取りたいオレは、ビビリながらも思い切って壁際に寄ると、少しだけ懐中電灯で辺りを窺ってみた。あまり遠くに光を向けて山賊に見つかるのも困るので、なにかかわいげな小動物でもメルヘンに歩いていないかなあと、近くの地面だけを適当に照らしてみる。

おっ。いきなり小屋の真下に小動物がいるじゃないか。これはいかにもとってもメルヘンな………、ええとなんだいこれは?

「コンニチワー」

まあかわいらしい♪

カニね？　**あなたはカニねっっっ!!!!**

ああ、ほんとうにじゃんぐるはたのしいなあ。

4. 楽しい密林　3

サソリとごあいさつした後、いったん裸になり今度は大ムカデに狂乱しつつシャワーを浴びたオレは、その後はそのままパンツもはかず裸体のままで過ごすことにした。

なぜこんなお堅い小屋の中で衝撃美裸身をキープする必要があるかというと、最初に拾った棍棒だけではサソリや山賊等の不穏な奴らと戦うには心許《こころもと》ないと思ったからだ。いざという時に棍棒と一緒に**珍棒も**振り回せるように、股間を露出してフリーな状態にしたというわけである。

これで口にナイフを咥え両手に棍棒とホウキでも持てば、『ONE PIECE』のロロノア・ゾロをも凌ぐ最強の秘技・四刀流（四棒流）の完成なのだ！　どんな凶暴な猛獣だろうが、この腹の出た剣豪の前では牙を折られて降参するしかないのである。**というのはもちろん冗談だよっ!!!**

たしかにすっぽんぽんになっているのは本当だが、そんな暴力的な理由からではないぞ。

残念ながら、いくら高速で股間を振り回す技術を持っていようと、いちもつブラブラの勢いで追い払えるのはせいぜいYBK48くらいであろう。このオールヌードの真の理由は、元元暑さと湿気で苦しんでいる上にさらに狭い中でロウソクを焚き始めたので、とても服を着ていられなくなったのである。

でも、ここでは人目をはばかる必要がないからいいよね。小屋の中はもちろん、周りにも数㎞の範囲には人がいないわけだから、突然女性旅行者なんかが入ってきて**「キャーーー！　なにやってるのよあなた！　やめてよそのような変態行為！……チラッチラッ（目を覆った指のあいだからチラチラと朕を盗み見ながら）」**などと大げさに叫ばれることもないだろう。

だいたい、ジャングルの動物たちは全員最初から全裸なのだ。それなら我々だって、郷に入れば郷に従うのは当然。虎に襲われそうになって「待てっ、話せばわかる！」と交渉を申し込む時に、こちらが生意気に服など着ていたら先方（虎）の心証を悪くするだけだろう。ましてや不良《ワル》ぶって**虎皮のパンツ**でもはいていようものなら、もう言い逃れは不可能だ。

というようにオレはあくまで郷に従っているだけなのだから、もし女性旅行者がここに入って来たとしても、変態呼ばわりされる筋合いはないのである。むしろ、**女性旅行者の方も全裸になるのが筋というものだ。**「旅の恥はかき捨て」とも言うし、ここは気兼ねなくお互いのジャングルを見せ合おうではないか。だから君も**カモーン**。

せっかくの機会であるので、オレはオールヌードのままサンダルだけ履いて小屋から出ると、少しだけ夜のジャングルを徘徊してみた。

いやーー、これは非常に解放感があって良いのう。なにか原始時代、いや、猿人のころの野性が呼び覚まされるようでもある。ねえ、みんなもタマンヌガラに来なよ！　今ジャングルを歩けば、**運が良ければ全裸のさくら剛に遭遇できるよ！** いいなあ。すごいなあ。

ただやはり蚊取り線香の結界から出てしまうとYBKがすごくて、常時体をはらったり駆け足を続けなければならないのが、面倒くさくて残念である。

客観的に見ると、密林の中で全裸で全身をさすりながらガニ股でその場駆け足する男というのは**異次元の変質者の姿**であるが、万が一誰かに発見されたとしても、場所柄わいせつ物陳列罪で逮捕されることもなく、**ジャングルに住む未発見の部族（裸族）**だと思われ保護される程度だろう。

その後タマンヌガラの森には激しい雷をともなうスコールが訪れ、闇の中、猛獣と山賊とオバケと稲妻と豪雨と虫に怯えるオレは、空が白んでくる時間まであまりの恐怖で寝ることもできなかったのである。


朝方になるとなんとか少しだけウトウトすることができたのだが、1時間で目が覚めた。全然寝られていないが、今日もやることがあるし、起きるか……。

オレはのっそり立ち上がると、腹の肉を揉《も》みながら「目覚めの踊り」を踊った後、裸のまま朝食を摂《と》ることにした。なんといっても抜け目のないオレは、クアラルンプールのパン屋さんでおいしい菓子パンを買っておいたのだ。というかここしばらく暴飲暴食をしていた時に買い過ぎて余ったパンを取っておいたのだ。

ワクワクしながらお楽しみの菓子パンを取り出してみたところ、まあすごい！　熱帯雨林の湿気のせいでしょうか、パンの表面は全体的に見事に**真っ白いカビ**で覆われているではありませんか！

いやー、キレイだね～。やっぱり「**色の白いは七難隠す**」って本当だよね～、ブサイクなパンもカビの白さのおかげでなんとか見られる顔になってるもんね～**ってなめんなよテメー雨林!!!　オレをなめンナっ!!　ンジャメナ(チャドの首都)っっ!!!　オレの朝食を返せっ!!!　白くても全然七難隠してない!!　むしろ白いこと自体が難であるっ!!!　なんだよっ！　昨日から散々かわいそうなオレにパンくらい笑顔で食わせろよっ!!!**

はああぁ～っ。まあいいや……。そもそもここに来たのはダイエットが目的なんだしな……。まだまだ腹周りはたっぷり５ｍもあるし、見た目は完全に満月だからな。このままだと本当に月と勘違いして、この腹めがけてかぐや姫が帰って来るかもしれないからな。そういう、おとぎ話の結末を書き換えるようなことは、大人としてやっちゃダメだよな。

オレは、運動をしなければならないのだ。今はこのラージな腹の収縮こそが我が責務。

ということで、今日は森の中を４㎞ほど歩いて、中心部の村・クアラタハンへ向かうことにした。そもそも食料を手に入れるためにも、迎えのボートを頼むためにも（バックパックを背負ってはとても村まで歩けないので）、一度軽装で村まで行く必要があるのだ。

オレはブンブンの天井をブンブンと飛ぶ巨大な蜂に怯えながら、パンティーをはきズボンをはきＴシャツを着るとミニリュックに必要な荷物を詰め込んだ。持って行くのはマキロンと、水とクッキーとトゲ抜きとムヒと懐中電灯と傘と、塩だ。そして体中に蚊よけスプレーを噴射。いざゆかん。

小屋を出ると、昨夜とは逆方向へ森の中の小道を進む。道といっても、時には１ｍにも満たない、踏みならされているというか落ち葉が少ない部分を道だと想定して、自分の勘を信じて歩くのである。

片手にはペットボトルの水、片手には武器兼・杖《つえ》兼・ヤブなぎ払い棒兼・道に迷った時に倒して方角を占う用の木の枝を持ち、密林の中へ中へと突き進む。

あいだ〜〜〜〜〜〜〜っっ（涙）!!!

上の方から垂れ下がっていたツルを目測を誤りよけ損なった瞬間、頭に激痛が。

頭上を見ると、ハリネズミが植物になったかのような、貫通力抜群の天然の有刺鉄線がぶら下がっていた。

危ない……。一応避けようとしていたからまだいいが、よそ見でもしていてハイスピードで突っ込んでいたら何百本というトゲが全身に突き刺さり捕らえられ、身動きできずそのまま息絶えていたところだ。

映画『インディ・ジョーンズ』シリーズなどで森の中、ヤブをかき分けて行くと突然ミイラ化した死体に遭遇し**ジャジャジャジャーン！**　と効果音そしてヒロインがギャーーー！　と腰を抜かすシーンがよくあるが、**その死体の方に**オレがなっていたのではないだろうか。

さらに毒蛇でも住んでいそうな気持ち悪い水たまりを越えたり、軍手をして木の幹につかまって泥の傾斜を上ったり、同じようにして泥の傾斜を下って**ズザザーうわ〜〜っ（涙）!!**　とお尻で滑ったり、そこかしこに生えているトゲのドS植物をなぎ払ったり、まとわりつくYBKに発狂し暴れたりしながら汗だくになり進む。

おっ。これはなんだろう？

うっわ〜〜〜……。

出たよ、ジャングルならではの不気味なヤカラが。

ムカデオンは昨日の夜に見たけど、こいつはただのムカデよりももっと全体的に硬そうでツルンツルンだ。なにか金属的な雰囲気すらある。

わかった。おまえは大怪獣ムカデオンに対抗して作られた、大怪獣**メカムカデオン**だな？　**おまえの魂胆はわかってるぞっ‼　「ムカデオンvsメカムカデオン」の特撮映画を作って興行収入がっぽがっぽを狙っているんだろっ‼　甘いぞ‼　もう今の時**

代、特撮映画は下火になってるんだからなっ!!!

あれっそう言っている間に僕の足をくねくね上ってくる馴《な》れ馴れしい君はいったい誰？

イヤ～～～～～～～～～～ッッッ（号泣）!!!!

ヒルが!!　ヒルがスネにかじりついているいつの間にかっっ!!　ヒルが親のスネをかじっているオレのスネをかじっている!!!　吸ってやがる!!　吸ってやがるサラサラと流れる血液を!!!　くそ、オレのスネになにをするっ（涙）!!!　ウチの大事なスネちゃまになにをするざますかっっっ（目を吊り上げて）!!!!

ええい者ども、であえ、であえ～～～、**ポポポポポ～～～ン!!（出っ腹を左右の手で叩いて緊急警報を発令）**

……いやいや、落ち着こう！　腹太鼓で者どもを呼ぼうとしても、この辺に者どもはいないんだ。そうだ、こういう時は、愛だ。オレは博愛主義者なのだから、憎むのではなく、敵にも慈悲の心を持って接しようじゃないか。

ようしそれじゃあ、敵にこそ優しく接してあげましょう。**敵に塩を送りましょう。**

ということで、

ババ―――ン（右手に塩の小瓶を持って勢い良く前に突き出す）‼

あんさん、**あんさんにはこの塩をたっぷりと受け取ってもらいまっせ。**

オレがわざわざリュックに塩を入れて来たのは、遭難した時にその辺の虎を仕留めて塩味で味わおうと考えているからではな～い‼　じゃあなんのため？　それはね、きっと密林の中で出会うであろうおまえというヒルを、カラッカラのミイラにするためだったんだよ♪

あの世で悔やみやがれっっ‼　オレという生まれついての暗殺者《アサシン》に密林で出会ってしまったことをなっ‼!

どりゃ～～～～～～～～っっ‼‼

シャカシャカシャカシャカシャカ……（塩をヒル全体によくまぶします）

ふっふっふ……苦しめ～、苦しめ～～。

頭上から全身に思いっきり塩の結晶を浴びた悪魔のようなデーモンヒルは、すぐにビローンと頭をもたげ左右に首を振ってのたうち苦しみ、そのままスネからぺりっとはがれると干からびながら枯れ葉の中に落ちて行った。

がはははっ‼　人間様の力を思い知ったかこの虫けらが‼!　というか、なんて気色悪いシーンなんだこれは……。おえ〜〜〜っ。おえっ、おえっ、**いっ、いだ〜〜〜〜〜っっ!!**

ぐおおおっ!!!　いたっ、し、しみるっ、しみる〜〜〜っっっ(涙)!!!

くそっ、迂闊《うかつ》だった。ヒルに血を吸われてできた傷に、**塩がよく染み込んですっげー痛い。**うう、なんだか傷口に塩を塗られた気分だ……(涙)。

なんとか葬ったはいいが、デーモンヒルに貴重なサラサラ血液をどんぶり3杯分くらい吸われたおかげで、いつにも増してオレは顔が青ざめてしまった。

オレは生来のひきこもりなので常日頃から青白い顔をしているのだが、血を吸われた今はそれに輪をかけて徹底的に真っ青になってしまっている。このまま頭髪を全部剃《そ》れば、**ブルーマングループにこっそり紛れ込んでも誰にも部外者だと気付かれないほどの際立った青さだ。**しかも、オレは技術面でもブルーマンの一員として申し分ないということを、先ほどの緊急警報の腹太鼓で証明したばかりではないか。

今度、もしテレビや舞台でブルーマンを見る機会があったら、ぜひ注意して探してみてほしい。オレがノーメイクで参加しているはずだから。他のメンバーが水道管を叩いている時に一人だけ自分の腹を乱れ打っているブルーマンがいたら、**それがオレだ!!**

気を取り直してまた森の小道を進むが、人が通るのがどれだけ久しぶりなのか、大木が倒れていたり左右からトゲのヤブが容赦なくせり出していたりぬかるんでいたり奇妙な色の水が溜まっていたり、まともに進めない箇所が非常に多い。

まだオレは確固たる目的があるから進むしかないが、ただのトレッキングの途中であれば、これだけの悪路に遭遇したら絶対に引き返しているはずだ。北京オリンピックの３０００ｍ障害金メダリスト、ケニアのブリミンキプロプ・キプルトでも、決勝のレースでこれだけの障害があったらあっさり棄権を申し出たことだろう（誰ですかそれ）。

おっと。あれは……なにか案内板があるぞ！　なになに、ほほう、この脇道を入って行くと洞窟があるとな……。

手元の地図を広げて見てみると、たしかに標識に書かれているのと同じ名の洞窟が記載されていた。どうしよう。寄って行こうかな。ちゃんと手摺《てす》りのついた通路があってライトアップされた、観光用のところなら入ってやってもいいけどさ我は。それなら情けをかけてやってもいいけどさ。そうじゃないと相手にする気はないよね。**アウトオブ眼中だよね。**とりあえず入り口まで様子を見に行くだけなら、行ってみてやってもいいけどさ……。

案内に従って細い脇道に入り、そのまま悪路をくねくねと進んで行くと、そこには……、おおっ、ひ、人だっ！　人がいるっ‼

なんとそこには、洞窟のチケット売場に行列を作るたくさんの観光客の姿が……、あるのかなあと最初にチラッと人影が見えた時に期待したのだが、そこにいたのはなぜかじっと立ってオレを見る白人のカップル1組だけであった。

なんかこの人たち、もの珍しそうに見てるよオレのことを。珍しいのかい。**そんなに珍しいのかいヒルに血を吸い尽くされた出っ腹のブルーマンがジャングルを歩く姿がっっ!!**……そりゃたしかに珍しい。

でも僕、人に会えて**嬉しい**。ただ近くに人がいるという、それだけですごく嬉しいの(涙)。とっても彼らと仲良くなりたい気分になったので、にこやかにあいさつをしてみると残念ながら**あちらは別にオレとは仲良くなりたくないらしく**、やる気のないサラリーマンが出勤時に会社の警備員に返すような、**「死体がなにかの間違いで声を出した」というような魂の抜け切った返事**が返って来ただけだった。

そりゃそうだよな。せっかくカップルで国立公園に来てるのに、雨林から突然登場した元裸族のブルーマン(しかも腹が臨月)と敢《あ》えて仲良くなろうとする奴はいないよな……。

オレはそそくさと2人の前を通り過ぎた。先に進めばチケット売場そしてたくさんの観光客の姿があるかと期待したのだが、実際は売場も人もノーパンしゃぶしゃぶもなにもなく、ただ洞窟の入り口が目の前で口を開けるだけだった。

でもどうかな。ちゃんとライトアップはされているかな。朕一人でも入れるかな?

むむっ。

↑中央の黒い部分が入り口

……………。

さて、**引き返すか……**。

これは無理だろう。通路とかライトとか勇気とかそういう問題じゃないぞこれ。水曜スペシャルで川口浩探検隊が**幻の大蛇を探す時**に挑むレベルの秘境じゃないかこれは。洞窟というより、**怪物の巣穴**である。

では戻って、村を目指すとしよう。

「ハロー。マイネームイズ　ジミー！」

「……えっ？　ハロー。あなたの名前はジミーなんですね？」

突然背後からにこやかに話しかけて来たのは、先ほどの白人カップルの男性の方であった。なにやら、彼女を残して一人でやって来たようだ。

なんだ？　さっきと随分態度が違うけど……。つい今しがた体育会系の部活に入部して、あいさつの大切さを学んだのだろうか？

でも、人から話しかけられるのって、**嬉しい（泣）**。日本ではみんなまるで僕のことを風景の一部だと思っているかのように、声をかけてくれる人は誰もいないけれど、**あなたに**

は僕が見えているんですね。ああ嬉しい…………寂しかったんです。**怖かったんです（泣）‼　ものすごく怖かったんです昨日の夜から‼　ずっと求めていたんです人のぬくもりをっ（涙）‼**　おねがいです、抱きしめてください……彼女には黙っていますから……忘れるから、**一度きりだから（号泣）‼**

「なるほどユーはジャパニーズで、ツヨシというんだな？」

「その通りですツヨシです。ちなみに泊まっているのはブンブンヨンです。そして僕のお腹はブヨブヨーンです」

「そうか。オレは『スウェーディッシュ』つまり、TOEIC2000点の天才のお前には必要ないだろうが本を読んでいる人のために訳して言うと、スウェーデン人なのさ」

「おおそうですか、スウェーデンの人には旅先でホントによく会います。スウェーデン人はみんなすごくお金持ちなんですね。実は僕もなんです。お金持ち同士仲良くしましょう」

「バイザウェイ、ユーは一人でこの洞窟に入ろうだなんて、すばらしく勇敢な男だな。じゃあ、オレも一緒に行くぜ！」

「ちょっと待って‼　誰が入ると言った‼　『じゃあオレも一緒に行く』って、別に僕は行かないからっ‼」

「オーリアリー？」

「そうです。僕は引き返すことに決めたんです。なにしろ、僕は無尽蔵の勇気を持つ男なんですよ？　だからこそ引き返せるのです。だって引き返すのもまた勇気なのだから」

「そんなつまらないことを言うなよ。じゃあ、こうしようぜ。まずオレが先に少し入って、様子を見て来てやるよ。それで大丈夫そうだったら、ツヨシも後に続けよ」

「いや、あなたの大丈夫そうと僕の大丈夫そうは全然違うから!!　僕からすれば、日本じゃないという時点ですでに大丈夫そうじゃないの!!　**日本以外は全部大丈夫じゃないの!!!**　なんで急にイキイキしてるのよあなたっ!!　ちょっと待ってってって!!」

　オレが全然承諾していないにもかかわらず、ジミーは一人で軽快に岩を渡ると、真っ暗な穴の中にするりと消えて行った。懐中電灯を点《つ》けたのだろう、やや洞窟の奥から明かりが漏れたと思ったらオレを呼ぶ声が。

「オーイツヨシ！　カモーン！　進めそうだぞ!!」

「…………」

　絶対そう言うと思った……。だってあの人張り切ってたもん……。だって多分あなたたちは洞窟に入るためにわざわざここまでやって来たんだもんね。そりゃあ進む気でしょうでも、**僕はただの通行人ですから。**すでに昨日の夜からだいぶスリルを味わってますから、今さら敢えて新たなるスリルを求めようという気はないんですよ本当に。

「ツヨシ〜〜！　早く来い〜〜！」

あんたさあ、彼女と来てるんだからオレじゃなくて彼女と一緒に入ればいいだろ‼　なに、こんなところで彼女からオレに乗り換えようとしているのあなた⁉　**わかるけど！　彼女よりオレの方がパッチリ二重まぶたで男心を刺激する抜群のキュートさを備えているというのは通り掛かった時から気付いていたけれどっ‼　うすうす感づいてはいたけれど自分のかわいさにっ‼！　でもこんな森の中で捨てられる彼女の気持ちも考えてあげてよ‼　あたし、デリカシーのない人は嫌いよっ‼！**

……………というか、わかったぞ。

つまり、洞窟を探検するつもりでここまで2人で来てみたけれど、この異次元への入り口を見て彼女が「ぜっっったい無理よ！　バカ！　アホ！」と入洞を頑《かたく》なに拒み、ジミーは男の子だし好奇心旺盛なのでできれば入ってみたいけどやっぱり一人では不安だから、どうしようか途方に暮れていたんだな。そこに、ものすごく都合のいいタイミングで**一人で洞窟に向かうブルーマン**がノコノコ現れたという訳だ。

それでいきなり張り切り出したのかジミー……。

この際ジミーを無視して引き返し、途中で待っている彼女を無理矢理さらって森に消えようか。

そうだ。それがいい。密林の中、スウェーデン人のギャルが目の前に無防備に立っているのに呑気に洞窟探検をしている場合ではない。**スウェーデン（据え膳）食わぬは男の恥。**

ふふふ、どうせこの深いジャングルの中では、**叫び声も届くまいて……。**

「ツヨシ〜！　大丈夫だからカムトゥーミー！　カムトゥーインサイド！」

ええいやかましい奴めっ‼　こうなったら、まずはこの棍棒でジミーを殴打して黙らせてやろうか……。

オレは左手で懐中電灯を照らし、右手にジミー殴打用の木の枝を持ってソロソロと洞窟の中へ進んだ。

すると入り口から先には、外から見た姿そのままの狭く暗い岩場そして池のように見える巨大な水たまりが、小さな懐中電灯の光の中で秘境の奥まで続いていた。しゃがんでしか動けない上に、ライトの光から外れる部分はすべて漆黒《しっこく》である。ここは、**旅行中に外国人が気軽に入るところではございません。**

頼りない光を頼りに、なんとかジミーに追いついた時にはすでにジミー殴打用の棍棒はどこかにいっていた。なぜなら、片手は懐中電灯を持ち、片手はヌメヌメした岩に手をついて必死でバランスを取らなければならなかったからだ。

　こうなったら棍棒の代わりに珍棒を巻き付けて首を絞めてやろうと思ったのだが、オレがズボンのチャックを下げるより早く、ジミーは四つんばいのままさらに奥へ進んでしまった。

あんさん、それは無茶だろう……。これ以上中に入ったら、入り口の光も完全に見えなくなるじゃないか。しかも道などあるわけない、ただ岩の隙間の空間を見つけて、体をねじ込んで進むだけだ。懐中電灯を落としたり電池が切れたりしたら、脱出不可能ではないか。

「ツヨシ！　カム！　カム！」

「わかったよっ‼　行けばいいんだろっ‼」

　いちいち移動するごとにオレを呼ぶということは、ジミー、**おまえも絶対怖いんだよな。**強がってもダメだぞ。わかってるんだから。一人じゃ先に進めないなんて、**この怖がりめっ‼　情けないやつだなっ‼!**

　結局心優しいオレはジミー（怖がり）のせいで引き返すタイミングを逃し、だらだらとジミー（怖がり）に寄りそって、なぐさめながら共に進むことになってしまったのである。

　声を掛け合い歩き時には手を取って岩場を乗り越え、2人のあいだにはいつしか上《うわ》っ面《つら》の友情が芽生えようとしていたが、しかし進めば進むほど空気は薄く暗く狭く、遂に目の前に登場した「浸《つ》かったら体が溶けそうな恐ろしい緑色の水たまり」に進路を塞《ふさ》がれた時、オレの心は折れた。

「リッスン。聞きなさいジミーちゃん。僕は引き返します。もう進めないから。もう無理で、無理といったら無理で、一句できました。『どう見ても〜これより先は〜デンジャラス〜』。とにかく無理。アイアム無理」

「ウェイトツヨシ、またオレが、先に行って大丈夫かどうか様子を見て来るから。ちょっとここで待ってろよ」

「いやもう本当に無理だって！　帰ろう!!　ジミー！　一緒にニッポンへ帰ろう!!　一人で戻れないんだもん!!　怖いから一人では戻れないんだもん(涙)!!!」

オレが涙ながらに訴えているにもかかわらず、しかし特攻野郎Bチーム所属の軽率なジミーは片手のライトで水面を照らしながら、もう片方の手と両足をチャボンと水に突っ込み、低くせり出した頭上の岩を避けほとんどハイハイの体勢で池向こうの暗闇へ消えていった。

あんたなあ……、**そんな進み方をしている時点ですでに大丈夫じゃないんだよっ!!!　それはどう見ても大丈夫じゃない体勢だろうがっ!!!　一目瞭然、自明の理、まごう方なく大丈夫じゃないっ!!!**

そもそも、あんたの彼女が進むのを拒んだところに、オレが入れると思うのがおかしいんだよっ。世界のあらゆる場所で白人女性を遥かに凌ぐ臆病さを見せているのがこのオレなんだよ!!　オレを男だと思ったら大間違いだぞ!!　オレはなあ、「森ガール」「山ガール」よりもさらに一歩流行の先を行く、**怖《こわ》ガールなんだよっっ!!!**

「聞こえるかツヨシ〜!　大丈夫そうだぞ〜!　オレのように片手と両足だけ水に浸けて、慎重にここまでカ〜ム!」

おまえっ、めちゃくちゃ言うなよ本当によお……。めちゃく〜ちゃ〜言〜うなっちゅうね〜ん♪（倖田來未「恋のつぼみ」より）

あのなあ、おまえの大丈夫の基準はなんだ。**大丈夫の定義を言ってみろテメエッ!!　入学試験で「『大丈夫』の意味を書きなさい」という問題が出たらあんたの解答では絶対に不正解なんだよっっ!!!　オレが正解だ!!　絶対大丈夫じゃない!!　大丈夫じゃないのに「大丈夫だ」と言ってひきこもりを洞窟に引き込むのは社会通念上許されない行為であるっ!!!**

だって、ジャングルの中の洞窟の中の池だぞ……。絶対なんかいるだろ……スイスイくねくねと蛇とかワニとか貞子とか怪奇生物が泳いでそうだろ……むしろ未発見の、人を食べる水生生物がいてもおかしくないだろ……。

↓あくまでもフラッシュを焚いた一瞬だけかろうじてこの明るさ

おおお……でもジミーが行ってしまった今、もはや怖ガールは一人で引き返すことはできないのよ。だって怖いから(涙)。

背中のリュックを天井のヌメリにこすりつけながら、左手で手元足元水面前方を交互に照らし、浅そうな部分を選んで手足を置き少しずつ進む。

膝《ひざ》を浸すのが嫌なので、四つんばいというより腕立てふせの状態での前進である。…………感じる。左右の岩陰、真っ黒な水の中からオレを見つめる毒蛇の冷たい視線を感じる……。

ねえ、どうして麻呂がこんな目にあわなきゃいけないわけ？　誰のせいでこんなことになってるの？　**オレは最初からイヤだったんだよっ!!　わしはこんなとこ来とうはなかったっ(号泣)!!!**

しばらく水の中を進むと前方に盛り上がった岩場があり、上からも迫る岩との間に30㎝くらいの隙間があった。ジミーはその向こうにいるようだ。

…………。

あのな～。こんなところを腹周り５ｍのヤング布袋様が通過できると思うか？　**下手《へた》したら腹が挟まって抜けなくなるだろうがっ!!!　そしたらオレは余生をこの洞窟と一体化して過ごさなければいけないんだぞっ!!!　そしたらジミー責任持ってここにインターネット回線引いてノートパソコンとプレイステーション３を差し入れに来いよっ!!!　洞窟でのひきこもり生活をサポートしろよっ!!!**

這いつくばり、腹も背中も股間も尻もどろどろでぐちゃぐちゃの岩の堆積物に擦《こす》りつけて、目の前の石の出っ張りをぬちゃっと摑んで体を進める。案の定、腹がはまって動けなくなったが、アワアワともがいていると突然暗闇から脇を力強く引っぱられた。

スポ————ン（抜けた）!!

「抜いてくれてありがとうジミー！　助かったよ！　**ところでテメーこの野郎っ!!　ぜんっぜん大丈夫じゃないだろうがっっ!!　日本人はウサギ小屋に住んでるから狭い所もお手のものだと思ってんのかコラっ!!!　それは大いに事実を履き違えているぞ**

っ‼　オレたちがウサギ小屋に住んでいるんじゃなくて、ウサギの方が日本の狭苦しい住宅を真似て小屋を作ってるんだよっ!!!」

「ルック。ほら、この先はどうやら天井が高いみたいだぞ。これなら順調に進めそうだろう?」

前方を照らしてみると、たしかに今までと比べると、直立はできないがややかがみ姿勢で足元に注意すれば2本足で歩けそうな、開けた空間が延びていた。

ジミーはスタスタと進んでしまうので、オレも余計な所は照らさずに（なにが出るかわからないので）ただ前を向いて一目散に歩いた。

20mくらい進んだだろうか。オレは中腰のまま左手で壁に寄りかかり、ヒットポイント（生命力）を回復させるためにスーハーと深呼吸をした。

…………。

ん?

なにかの気配が。なにか生き物の気配がするぞ。なんだろう。このバタバタという音……。

バタバタということは、バッタ?　バター犬?

オレは、なにも考えずに岩壁についた左手の、そのまたほんの50㎝だけ左側にライトの光を向けてみた。ぬぬっ?

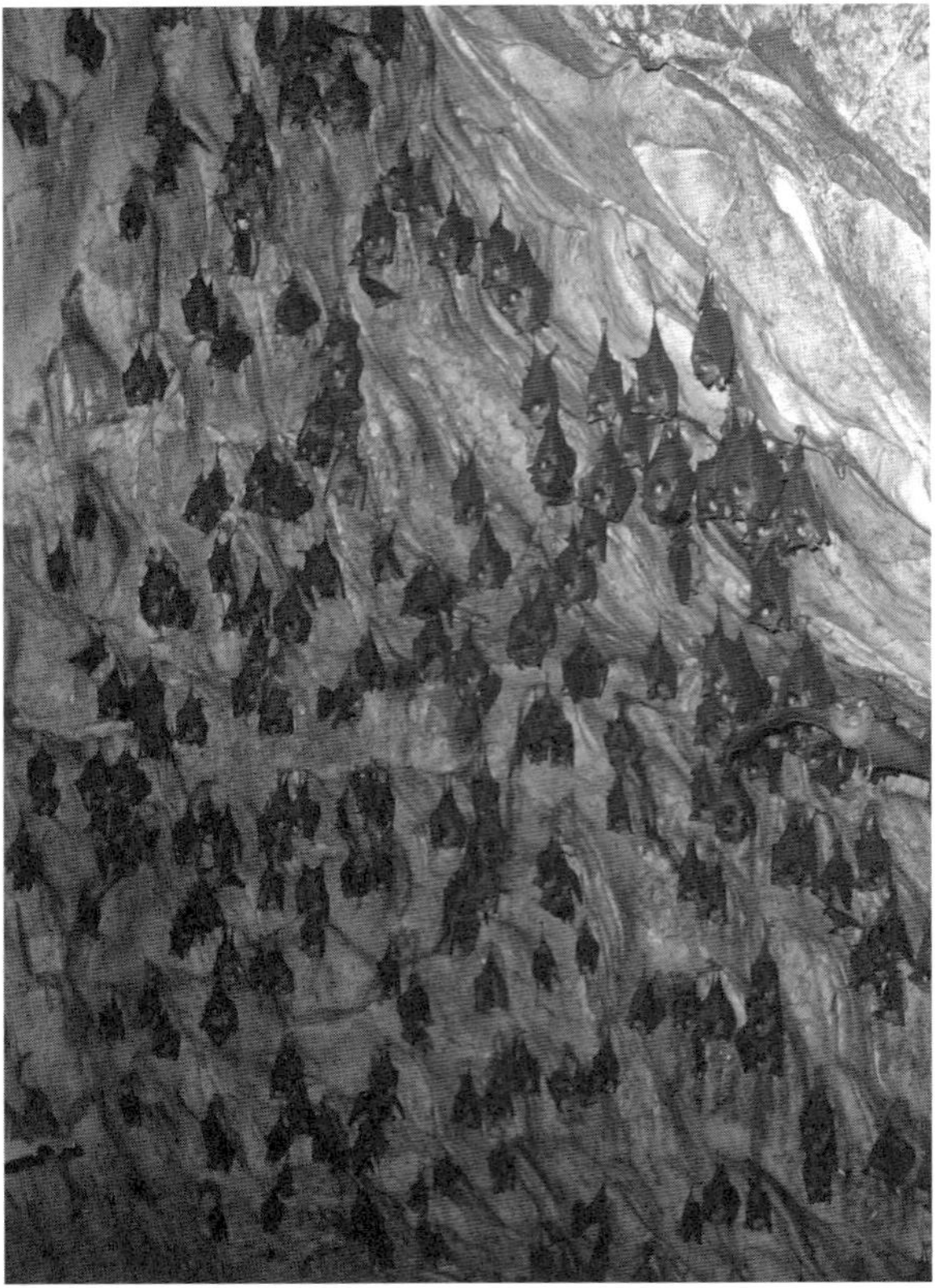

…………。

カチーーン（白目をむいたまま固まった音）

「おーい、ツヨシ！　ついて来てるか？　おい、どうした？」

「ばばばばばばばばばば、バット……バットが……ア　ロット　オブ　バットが……」

「バット？　フェアーイズバット？　**オオオーーーーーッ（涙）!!!　オーマイガーット!!**

オーマイバーット!!!」

「はわわわわ……」

意気揚々と前を行っていたジミーだったが、振り返ってオレの照らす先を見た瞬間、彼もやはり恐怖の叫び声を上げた。

ほらみろ。あんたが大丈夫大丈夫とアホみたいに前進した結果、こんな逆さ吊りで怖い奴らとご対面な展開だよ。**こんなことが許されていいのかっ!!　たとえ日本とスウェーデンの関係悪化に繋がろうとも、オレはこの件について命ある限り糾弾し続けるであろう!!!　国際社会に向けて、このジミーという人間がヤング布袋様に対してどの**

ような悪らつな行為を働いたかということを発信し続けるであろう!!!!

奥の方まで、だいぶ先の壁までびっしりとコウモリは張り付いている。

そうか……、ここまでずっとオレが摑んでいた岩の上のねちゃっとした堆積物、あれは、コウモリのフンだったのだ。

この子たちが吸血コウモリだったら、2人分は**まるまる完吸**できるくらいの数はいますよ。吸血じゃなくても、コウモリに噛《か》まれると狂犬病に感染するケースがあるらしいじゃないですか。水や風を怖がるようになって全身麻痺を起こし、発症するとほぼ100%の確率で死に至る狂犬病に。う〜〜〜、**ワンワンッ!! ガウワウワウッッ(機先を制して犬になってみた)!!!**

ねえコウモリさん、オレは君たちの仲間だからね。オレも普段から薄暗くてじめじめした所にこもっている人間だから。ね、仲間でしょ? あなたコウモリ。**オレ、ひきこーもり。**だから襲うんならオレじゃなくてジミーにしてよねっ!! さっき聞いたんだけどあいつ実は「コウモリ死ね死ね協会スウェーデン支部」の支部長なんだって!! これは優先的にやっちゃった方がいいよねジミーをっ!!!

「急ごうツヨシ。もしかしたら、こいつはちょっとデンジャラスなシチュエーションかもしれない」

「そうだなジミー。よし、それじゃあここからはオレが先に行こう。今まで先導ご苦労さま。疲れたでしょう。少しここで休んで、後からゆっくり来てくれたまえ」

「いや、気にするな。もうここまで来たんだから、先鋒は最後までオレに任せてくれ。おまえは後ろの守りを頼む」

「やだ。オレが前に行く！　あんたはオレを巻き込んだ償いに最後までオレを守る義務があるっ‼　いざとなったらオレが脱出するまで後方で血を吸われて時間を稼ぐのが筋だ‼」

「前にだって危険が潜んでるかもしれないだろ‼　だから道を切り開くのはオレに任せて‼　人間より動物の友達の方が多いおまえは、よく見ると小動物みたいでかわいい団体コウモリの相手を頼む‼」

「うるさいっっ‼　先に行くと言ったら行くんだ‼　ストップジミー‼　チェンジザポジション‼」

「無理だって！　すれ違えるほどの空間はないんだから！　じゃあ急ぐから。オレが急いでこの穴を抜けるから、間を空けずにおまえもすぐ後で来いよ。また奥から引っ張ってやるから。よし行くぞ、せーの、**あいだだだだだだっっっ‼　なんで一緒に入って来ようとするんだよおまえはっ‼　２人同時に通れるわけないだろ**

うこんな狭いんだからっ‼　ちょっとくらい待てよっっ‼!」

「イヤだっっ(号泣)‼　オレが先だ‼　先なんだ‼!」

「なにを言うか‼　オレが先だっ‼」

「ふざけんなオレが先だっ‼!」

「いやオレだっっ‼!」


……そこからはもはや、かつての友情や好奇心や冒険心はどこへやら(最初からないという説もあります)。

オレたちはただ恐怖に怯え、転げるように洞窟の中を進み、やっとのことで太陽の光を前方に見つけ外界に這い出すと、オレもジミーもコウモリのフンまみれ、我を忘れた文字通りコウフン状態の2人なのであった。号泣。

5. 楽しい密林　4

まるで平地を進むかのごとく造作なく、何食わぬ顔で洞窟を駆け抜け地上に舞い戻ったオレは、一服してから村に戻るというジミー&キャサリン(仮名)のカップルを後に残し、また一人颯爽《さっそう》とジャングルを進んだ。

カップルも同じく村へ帰るということだったが、一緒に行動してしまったら男気溢れるオレはキャサリン(仮名)に惚《ほ》れられてしまい、せっかく友情を育《はぐく》んだジミーに怨みを抱《いだ》かれる可能性がある。ここはいらぬ殺し合いを避けるためにも、遠慮しておくのがいいのだ。というかオレ、**外国人と話すのが苦手なの。だから一人が楽なの。**それが本当なの(涙)。

クアラタハンの村までまだ距離はあると思うが、ジミーたちも村から洞窟まですんなりたどり着いているわけだし、ここから先はおそらく楽勝な道のりだろう。

ジャングルウォークを再開すると、上ったり下ったりと高低差は相変わらず激しいが、道はやや広くなり、どの部分が道なのかがはっきりしていてありがたい。

だいいち、もう見えなくなってはいるが、後ろにジミーカップルがいると思うとそれだけで心強いものだ。やはり人間、「自分は一人じゃない」と思うと途端に力が湧いて来るものなのだなあ。…………なるほど。**だからオレは今までの人生ずっと力が湧かなかったのか(涙)。**

ところが、順調に進んでいたのもつかの間、30分ほど小道を進むと次第に地面の幅は狭くなり、またもジャングルと通路の境目が判別困難になってきた。

写真のように末広がりの大木がいきなり目の前に登場し、「もしやこれは行き止まりなのでは……(汗)」と焦って木を乗り越え蔦《つた》に絡まりながら進んでみると、再び少しずつ草木が開けて小道になりホッとする。というような展開の繰り返しで、不安なことこの上ない。

密林というだけあって、ジャングル内はどこも林によって密閉されており、樹木の周りに広がる無数の葉で視界が遮られる。

くそ、邪魔な葉だ……。

そうだ、これだけ葉があるのだから、不治の病にかかって「窓の外に見える葉っぱがすべて落ちたら、私も死ぬのね(涙)」と嘆いている少女がいたら、アパートをタマンヌガラ国立公園に移転すればいい。**あと200万年くらいは生きられるだろうから。**

定期的に両の手で腹を乱れ打ち、大きな音を出してクマや虎に警告を与えながらちんどん屋のように派手に進む。

今朝方ブンブンヨンを出てから、かれこれ3時間だ。洞窟に時間を取られたとはいえ、もう2時間以上はジャングルの中を歩いていることになる。

あれ以来ヒルに吸われることはなかったが、ＹＢＫ48だけは相変わらずオレを「会いたかった〜会いたかった〜♪」と羽音で歌いながら取り囲んでいる。

こうして常時大量の蚊にまとわりつかれていると、しばしばブチ切れて暴れることになり余計な体力を消耗するのが悔しい。うぬう、ちゃんと1対1で戦えば、こんなモスキート級の奴らなど3秒でひねり潰せるのに……。

そのまま進むと、突然空間が開けたと思ったらなんと林に囲まれた小さな集落が見えてきた。集落と言っても藁《わら》でできた小屋が2棟あるだけで、その前でまっ黒な肌の人たち、子どもと大人の合計10人ほどが地面に座り込んでいる。男性は上半身が裸で、男女とも全員が素足。近くには煮炊き用のかまどが見える。

このジャングルって、人が住んでたんだ……。

そうだ、思い出した。そういえば、昨日受付でもらったパンフレットに、タマンヌガラに住む先住民のことが書いてあったな。その方々か……。女性や子どもは服を着ているけど、男の人はほぼ裸族だ。

たしかパンフレットには、先住民は先祖代々深い森の中に居を構え、木の実を食べたり、吹き矢で猿などの動物を狩ったりして生活していると説明があった。

なるほど、吹き矢で猿などの動物を…………。

ちょっと待てよ。生物学的に見たら、**オレだって確実に「猿などの動物」だよな。**ヒトとチンパンジーではＤＮＡの違いは１％しかないというし。おまけに部外者が勝手に彼らの集落に踏み込んでしまったら、あっさり吹き矢の的にされてしまうんじゃないだろうか。むしろ猿よりオレの方がよく肥えてておいしそうだもん（涙）。

幸いこの時点でまだみなさんは豊満な腹を持つ侵入者に気付いていないようだったので、オレは見つからないようにニャーニャーとネコの鳴き声を出し、ノラネコとして通り過ぎることにした。

にゃ〜〜〜。

にゃ〜〜〜〜。

私は決して猿などの動物ではありません。**ネコなどの動物なのです。**にゃ〜〜〜。頼むぞ、このまま黙って行かせてくれ……。

にゃにゃにゃ〜〜〜〜♪

「ヨン！　ブラウ！」

「ぎゃあっっ!!!　見つかったっ（涙）!!!」

「トレンガンブキッテレセック!!」

「ま、待ってくださいっ!!　撃たないでくださいっ!!!　ぼぼ、僕は敵じゃありません！あなたたちの仲間です！……そうだ、**僕も裸族なんです!!**　昨日なんて小屋の中でずっとフルヌードだったし、日本でも9割方の時間は全裸で部屋にひきこもっているんですから！ほら、今だってお腹はTシャツからこんなに大きくはみ出ているでしょう？　**ええいこんな服などは!!**　僕も今から裸になります！　1枚1枚順番に脱ぎます！　見ていてください。うふ〜ん（ヒラリ）……あは〜ん（ハラリ）……」

「ブラウ！　テリンガブンブンクアラタハンブン？」

「いひ〜ん（ヘラリ）……おほ〜ん（ホラリ）。………………。えっ？　なんですか？　ひょっとしておにいさん今、クアラタハンって言いました？」

「イッタ」

「は、はい。そうです。僕はクアラタハンの村に向かっているんですけど」

「クアラタハンブン、ブンブンクンバンブラウタビン!!」

「なんですって？　こっちじゃないと??」

先住民の男性はオレが今来た道の方を指さし、なにかを言っている。よく分析してみると、どうやら「クアラタハンに行くなら道が違うぞ。あっちだ」と教えてくれているらしい。

「ええっ!!　道間違えてました？」

「ブキッグアテリンガ」

「ほうほう。なるほど、そちらをそう行って、それからあちらに曲がるんですね？」

親切にも、彼は木の枝で地面に地図を描いて道順を説明してくれた。

言葉はわからないし、せっかく描いてくれたその地図も大雑把《おおざっぱ》すぎて**なにがなんだかさっぱり理解できない**のだが、しかしともかく違う道を来ているということは確かのようだ。

せっかくのご厚意のため地図については理解したフリをして、丁重にお礼を言ってオレはまたニャーニャーニャーとネコになりきり、再び出っ腹を乱れ打ちつつ元来た道を引き返した。ニャーニャー！　ニャ～～～！　ファ～～～！　フェアエ～～バ～ユ～ア～～♪（セリーヌ・ディオン「MY HEART WILL GO ON」より）

　慎重に、分かれ道に注意しながら森を戻ると、よく見ればT字路にも見えなくないような、先ほどはまったく気付かなかった枝分かれを発見した。見渡してみると繁みの中に道案内の看板がくたーっと倒れていたので、やはりここは分岐点のようだ。

なるほど、看板が倒れているせいでオレはこの分岐に気付かなかったんだな。なるほど。っていうか、**倒れてるんじゃねえよテメエ看板っ‼　もっとシャキっとしたらどうなんだっ‼　道案内の看板が倒れているんなら、せめて「ここに道案内の看板が倒れています」という別の看板くらいは立てておけよっ!!!**

国立公園のくせに、ジャングル内の案内標識の手入れという、命にかかわる重要な作業をなんで怠っているんだ。これじゃあ観光客は迷うに決まってるじゃないか。

進路を変更し、細い枝道に入って進むが、視界に入るのはとにかく延々と続く密なる林であり、この道が正しいのかどうかはまったくわからない。ただただ際限なく生えている、ものすごい量の樹木と植物の海。樹木、そして樹木。これだけの樹木の林の中では、もしそのヘンに**樹木希林さん**が立っていたとしても、「ジャングルには変わった樹木があるんだなあ」と思うだけで誰も女優さんだとは気付かないことだろう。

ぜえ……ぜえ……。

もう体力が……。早く……早く村に着かせてくれ……。

汗と蚊とヤブにまみれて道なき道を前進し、再び20分が過ぎ、30分が過ぎた。

誰もいないし、なにもない。聞こえるのはただ無数の鳥と虫の、盛大な鳴き声のみ。ジャングルには静けさなどどこにもなく、小動物たちが奏でる大音響のいななきが24時間ずっと、耳が痛いくらいに轟《とどろ》いている。

でも、これだけうるさければ、力いっぱい好きな女の子の名前を叫んでも誰にも聞かれないで済むよな。よーし今がチャンスだ。叫んじゃえ。**優子ちゃ〜〜ん‼　好きだ〜〜〜チューしたい〜〜もみもみしたい〜〜‼　ってこれは活字だから全部伝わるわっ‼!**

はぁ……。

一体、いつになったら着くんだ。

ずっと一本道を来たつもりだし、途中で脇道分かれ道には気付かなかった。だからこの道で正しいと思う、しかし……。

どうもおかしい。

今までのルートで越えて来た小川にはどこも橋代わりの丸太が掛けられていたのに、目の前の川、いや**むしろ沼。**にはどこにも渡る部分がない。とはいえなにしろ一本道だし、これを越えなきゃどうしようもない。

幅はほんの３ｍほどだ。しかし、ジャングルで沼といったら、**底がなくてなんぼ**である。ちゃんと空気を読める沼だったら、密林のイメージを損なわないために底なし沼になっているはずだ。

ここでオレが沼にはまってしまったら、当然誰にも発見されず永遠の行方不明者である。もしなにかのきっかけで数年後に引き上げられたら、その時には泥パックの効果で若返り**10代のハリのある肌**を取り戻しているかもしれないが、**美肌といえど死体**なんだから、それでは男女交際もままならないじゃないのよ。

見た目はだいぶ浅そうな沼、のような川であったが、念には念を入れて杖代わりの棍棒を力いっぱい底に刺し、強度を確かめる。

よ、よし、大丈夫そうだな。この様子なら、沈んでしまうこともないだろう。勇気を出して進んでみるか。せーの、よいしょ！

お、おお……、

うわああああ〰〰〰〰〰〰〰っっっ!!!!
ぐわあああああ〰〰〰〰〰〰〰〰〰っっっ!!!!

まさか、なんということだっっ!!!　おおおっ!!　ジャングルの中の沼を、オレは特に何事もなく普通に歩いて越えることができたよ〜〜っっ!!!　なんのトラブルもなく〜〜〜っっ(号泣)!!!!

……………。

すいません、なんか僕もう、**ことあるごとにいちいち叫ばないと次に進めない体になってしまったようです(涙)**。なんかおかしいよねこの体質。帰ったらお医者さんに診てもらった方がいいかなあ(泣)。

沼のような川を渡って、また歩く。

またまたこれまで以上に道なき道、オレが勝手に「ここは道だ」と認定している部分はほんの数十㎝の狭さになり、なおかつ何mかおきに植物に埋もれて途切れている。しかし信じるしかない。きっとこの道であっているんだ！　アントニオ猪木も言っていたじゃないか。

踏み出せば、そのひと足が道となるんだ!!

再び道が切れると丘につき当たったため、謎の虫が這う木の根や枝を軍手でつかんで必死で登る。登ったところで、今度はそのまま下りだ。

他のジャングルはどうだか知らないが、とにかくこのタマンヌガラは起伏が激しい。ただでさえ暑くて暗くて不気味な所なのに、これだけ上り下りがあると疲労も倍増である。もうホントにタマンヌガラはたまんぬーな……。

これが村の手前の最後の難関だと自分に言い聞かせて、急斜面をほとんど飛び降りるようにオレは丘を下った。そしてまた平地に復帰し、10mほど歩いた。するとその地点で、今まで道だと思っていたわずかの空間が、**完全に消滅した。**

…………。

いや、そんなわけないじゃん。右を向けば道があるんじゃんきっと?

…………。

ない。

それじゃ、左を向いたらあるんじゃんきっと?

…………。

ない。

もう一度右を向けばあるんじゃん？

…………。

ない。

じゃあ上を向けば**あるわけない**。

それじゃあきっと、たまたまちょっと途切れているだけで、無理矢理先に進めばまた人間が通れる広さの道が現れるのですよ、そうに違いありませんよきっと、おほほ……あはは……楽しいなあ（笑）。

自分がジャングルの中で道でない場所を歩いているというような恐ろしい結果を受け入れ

るわけにいかなかったオレは、しばらく行けばすぐに通路が出て来るに違いないという信念のもとに、枝を払いヤブを踏みつけて汗だくで前進した。

…………。

ない。どう見てもこの先に道はない。

いかん。

これは…………。

迷っている。完全に道を見失っている。

たしかに、よくよく考えるともう随分前の段階でおかしかった。旅行者が通る通路にしてはさっきの上り下りは木にしがみつかなければ動けないほど急すぎたし、橋のかかっていない沼もそうだし、とっくのそれ以前から道がはっきりしなくなっていた。

つまり……、オレは決して今にして道を見失ったわけではない。もう、**ずっと迷っていたのだ。**そうとは知らず、どんどんルートから外れた密林の中に自らぐいぐい入り込んでいたのである。

いや〜〜。まったく。

…………。

ぞわわわ〜〜〜（背筋が激しく寒くなる感じ）

オレはしばらく放心状態になった。

本場のジャングルの中で道に迷ったということに、嘆きの言葉すら出て来ないほど焦った。小屋を出てから長いあいだ正しい方向へ進んでいたわけだし、実際はほんの少し道を逸《そ》れているだけなのかもしれない。しかし……、そうじゃないかもしれない。

少なくとももどの方向を向いても絶対的に熱帯雨林しか目に入らない状況で、2、3分のあいだオレはとにかく恐ろしい感情に捕らわれその場で意味もなくキョロキョロしていた。本当のパニックに襲われると、人は愚痴の言葉も出ずただ静かに血の気が引くだけらしい。

い、いいか、こういう時はまず、落ち着くことが大事だ。冷静にならないと、なにかを判断することもできない。

よーし笑うんだ。無理矢理にでも、笑ってみよう。

せーの、

わっはっはーわっはっはーわっはっはーわっはっはーわっはっはー（アニマル浜口の「笑いビクス」を実践）。

そ〜れ、**わっはっはーわっはっはーわっはっはーわっはっはーわっはっはー（笑）**。

笑ってる場合かっっ!!!!!!

たしかに辛い時こそ笑顔を作るというのは重要なことかも知れないが、**笑うくらいでジャングルから抜け出せるなら大東亜戦争時の日本軍も苦労しないんだよっ!!!　抜群の笑顔でジャングルで遭難してどうなるっ!!!**

くそ……、「踏み出せばそのひと足が道となる」とは言うけれど、**本物のジャングルでは踏み出したくらいで道はできないようだ。**迷わず行けよと言われても、**すでに迷っ**

ている。無理にひと足を踏み出してきたせいで。くそ、アントニオ猪木に騙《だま》されたっ。

これは真剣にまずい状況かもしれない……。なにしろ、タマンヌガラのジャングルは関東地方と同じ広さである。闇雲に進んで森から出られる可能性は限りなく低いであろう。

も、戻ろう。

ここから先を直感に頼って進むのはダメだ。今来た道を、一歩も逸れずに引き返すんだ。上手に今までのルートをたどることができたら元の場所に出るはずだし、最悪でも先住民の集落に戻れば助けを求めることができる（吹き矢で撃たれなければ）。

あまりの動揺で、心臓の鼓動が激しくなっているのがわかる。不安なんていうのは所詮頭の中だけにある感情であり、一切実体のないもののはずなのに、その実体のない不安という状態が物理的に心臓の動きを変化させているとは……。やっぱり心と体はつながっているんだなあ。

そのままオレは今しがた飛び降りて来た丘に向かい、またもや木の根とツルを摑んでゼエゼエ言いながら上った。途中で飛び出ていたトゲの植物がスネに刺さりざっくり流血したが、今の所は負の興奮によるアドレナリンが出まくっているのか、特になにも感じない。筋金入りの痛《いた》ガールであるオレがこんなに血が出ても平気だなんて、よっぽどのことである。

反対側に滑り降り、おそらく自分が通って来たと思われる方向へ慎重に進んで行く。

慎重に。ひたすら慎重に。もしまた方向を誤り新たな迷い方をしたら、今度はアウトだ。次はもう戻れない。

まあしかし、森の奥に入ってしまったからといって、すぐさま命が危険にさらされるというわけではないと思う。ほんの数年前にも、カンボジアのジャングルで行方不明になった少女が20年ぶりに見つかって保護されるというニュースがあった。狼少年の話などもよく耳にするし、それならオレだって、狼や虎に育てられて野生化して生きていくことはできるかもしれない。

ただ、赤ちゃんの時にジャングルに入った狼少年などと違い、オレの場合は20年後に発見されたらその時は**50歳の狼中年**である。野生化した50歳の男を森の中で発見しても、誰も保護しようとせずにむしろ**見なかった事にする**可能性が高いのではないだろうか。

だいたい、ジャングルで野生化して暮らすのはたくさん蚊に刺されそうだからイヤだっ!! こんなブロードバンドも普及していないところでひきこもりが暮らしていけるかよ!! オレの軟弱さをなめるなっ!!!

…………？　おお??

なにか、足音のようなものが聞こえるぞ……。

このテンポは、間違いない、人間だ。それも一人じゃない。

か、隠れるんだっ!! 繁みに隠れて、通りかかったらトゲのツタで襲いかかって荷物を奪うんだ!! 食糧が手に入れば、森の中でも何日かは過ごせるはず!!!

ザッザッザッザッ……

よーし！ **今だ!!** なんちゃってねっっ!!

「ナイストゥーミーチュー━━ッッ(号泣)!!! 僕を、僕を探しに来てくれたんですねっ!! 嬉しいっっ(涙)!! アイムソーグラッド!!! ナイストゥーミーちゅっちゅっブチュチュッチュ〜〜〜ッッ!!!」

「ワオッ!! ユーサプライズドミー!!!…………。なんだ、ツヨシじゃないか。そんな近づくなよ気持ち悪い。しっしっ。いったいどうしたんだ取り乱して?」

「おおおお(涙)。どうしたもこうしたもないでげすよ。この先は完全に行き止まりでげすよジミー親分。これ、道じゃないでげすよ(泣)」

「なにっ、そうなのか？　でもこのあたりはうっすら繋みが薄くなっているし、道みたいに見えるじゃないか。本当にこの先は行き止まりなのか？」

「オレがウソを言う人間かどうか、この目を見て判断しやがれっっ!!!」

「なるほど、その目は紛れもない、生まれながらの嘘つきの目だな」

「なんだとコラ――――っっ!!!　なめんなよこのヤローーっ!!!」

「でもさすがのツヨシも、こんな状況で冗談を言うとも思えないな」

「そうだろうそうだろう。わかればいいんだよ。オレがナイスガイだということがわかればいいんだよ」

…………やっぱり、オレは迷うべくして迷ったのである。なぜなら、このように後から来たジミーカップルも同じように誤った方向へ進んでいるではないか。

決して、オレだけが愚かだったわけではない。**この国立公園の造りがおかしいのである っ!!!　せめて道案内の標識はあちこちにキチンと倒れないように立てておいてくれっ!!!　２ｍおきくらいに立てておいてくれっ!!!　むしろものすご〜〜〜く横に長い看板を作ってその看板を触りながら歩くだけで村までたどり着くようにしてくれっ!!　オレたちの生死に関わることなんだよっっ!!!**

しかし、ともかくジミーたちも同じように違う道を来てくれたことにオレは狂喜した。

迷っているという状況は変わらないのに、一人で迷うより3人で迷う方が精神的に300倍楽である。この安堵《あんど》感は、もはや**まるで迷っていないかのようである。**オレはジミーたちに会った瞬間から、根拠はないがもう村にたどり着いた気になっていた。

さて、そんなわけで……。

最終的に我々人気ジャングルトリオはどのように村にたどり着いたかというと、オレたちを助けてくれたのは川であった。

タマンヌガラ国立公園の中心を走るテンベリン川、その川が南の方角にあることだけは地図からわかっており、オレたちは太陽の位置から東西南北を予測して、ひたすら森の中をその方向へ突き進んだのだ。見当をつけた通り、しばらくの行軍の後に、懐かしいテンベリン川の姿が眼前に現れた‼

……………。

悪かったなあっさり助かって。

この川を上って行けばクアラタハンなので、そのまま流れに沿って森を歩くことにした。道などないが、歩きやすさを求めて川から離れる無謀な勇気はオレたちにはない。交代で先頭を歩き、お互いをトゲから庇《かば》い合いながら、あれはなんだっ‼　もしかしてっっ‼!

ついた――――!!!

紛れもない、突堤の対岸にあるのは昨日見た憧れの、クアラタハンの姿であった。ぐうっ。渡し船を呼び、川を横切ってオレたちはとうとう！　タマンヌガラ国立公園の中心部！　クアラタハンに！　五体満足で！　美男美女が!!到着だ!!!

我々人気トリオはすぐに水上レストラン、もとい板きれを川に浮かべただけの水上安食堂に獲物を求める荒波となって入店した。**食わさんかいっ!!　カビの生えていないパンを今すぐ食わさんかいこの要救助者3名にっ!!!**

ああ、村っていいよね……人がいるっていいよね……(涙)。

オレがいつも日本で平気でひきこもっていられたのは、家の外に人の気配を感じていたからなんだなあ。

現在時刻は午後2時過ぎ。10時にブンブンヨンを出てから、ここまで4時間。ジャングルの中を、4時間だ。しかも、ほとんど一人(涙)。

なにかをする時に、一人か、2人以上かというのは本当に重要だよな。ジミーとキャサリン(仮名)は、今後一生「あのジャングルは大変だったねー」「そうだよねー」と思い出を語り合うことができるのだ。オレなんて誰とも話せやしないっ。

「それじゃあツヨシ、今日はお疲れさん。オレたちはロッジに戻ってシャワーを浴びるよ。ツヨシはどうするんだい?」

「もちろん、オレもそうするよ」

「それがいい。ところでツヨシはどこのロッジに泊まっているんだっけ?」

「オレの宿はブンブン……………**はっ!!**」

そうだった。

オレ、**今日もブンブンヨンに泊まるんだった。**

もう3時か……。小屋まで歩いて4時間かかるから、**そろそろ戻るか……。**

……………。

戻れるかっっっ!!!!!!

冗談じゃねえっつーんだよっ!!!　今から歩いて戻ったら今度こそ本当にしっかり遭難するんだよっ!!　次は夜だ!!　すぐに夜になってジャングルの動物たちはみなさん夜行性ですから!!!　今度はいよいよ運良く虎やクマや毒蛇に出会えるかも!!　それこそジャングル冥利に尽きるよねっっ!!!

あ〜あ。

戻って、もう1泊か……(号泣)。

6. ゲレンデが溶けるほど濃い死体

ジミーズと別れると、オレはクアラタハンの村のオフィスでボートを手配し、森が暗くなる前に、小屋近くの船着場から我が愛《いと》しのブンブンヨンへと帰宅した。わーいやっと帰って来たぞ♪

4時間以上ジャングルを歩き、命からがらようやく村までたどり着いたと思ったらまた振り出しに逆戻りだ。

今日も、この電気も鍵も壁もぬくもりもない小屋で夜を明かさなければならない。なんでどうして？　だって、最初に2泊って**言っちゃったから**。

許される事ならばオレはタイムマシンで昨日に戻り、宿泊受付で張り切って「2泊します！」と言っているオレを**背後からガラス製の灰皿で殴打し、**意識を失ったところで代わりに「すいませんやっぱり1泊です！　2泊なんてしません！　1泊だけで帰ります!!」と訂正の申請をしたい。

うう……怖い（涙）。

どうして2泊なんて言っちゃったんだろう……。

どうしてってそりゃあ、**もっとまともな宿泊施設だと思ってたからだよっ!!　ハイキングに来た家族が滞在するような、こぎれいなロッジを想像してたんだよオレは!!!　それがなんだよこの虫まみれのあばら屋は!!　こんな不気味な屋敷に家族が**

宿泊するわけないだろっ!!　こんなとこに喜んで泊まる家族はアダムスファミリーくらいなんだよっっ!!!

ただ……、2日目の夜ともなると、さすがにオレも少し心に余裕が生まれたのか、怖さを克服する画期的な方法を思いついてしまった。

それは、**「もっと怖いものでブンブンの怖さを帳消しにする」**という作戦である。

きっとみんなにも経験があるだろう。すごく好みのタイプの異性と知り合いになると、その瞬間からいきなり**現在成りゆきでつき合っている交際相手のことがどうでもよくなる**という経験が。あるでしょう誰にでも？　オレはないけど。

ともかく今の例のように、目には目を歯には歯を、**恐怖には恐怖を。**すなわちオレは恐怖で恐怖を打ち消そうと思い立ち、ノートパソコンの中に取り込んで来た**「稲川淳二の怖い話」を暗闇の中で聞く**という破天荒な行動に出た（本当の話です）。

どうだい、なにしろご存知のように稲川さんの怪談というのは職人芸、まさに筋金入りの恐ろしさである。要するにこの怪談を聞いて存分に震え上がっていれば、たかがブンブンごときの恐怖など一切気にならなくなるに決まっているのだ。

ということで実際に淳二さんの話を電気もつかない小屋で聞き続けてどうなったかという

と、怪談と闇とジャングルの相乗効果で**恐怖は500倍に膨れあがり、オレはあまりの怖さで昏睡状態に陥った。**

いいですかみなさん。今から、僕がこの身を以《もっ》て学んだジャングルでの注意事項を発表します。特に心臓の弱い方はよーく聞いてください。

いいですか、**タマンヌガラ国立公園のブンブンで、真夜中に暗闇で一人で稲川淳二の怖い話を聞いてはいけません。それだけは絶対にしてはいけません。怖すぎて確実に健康を損ねることになりますから。くれぐれも注意してください(涙)。**

オレはもうなんだか怖すぎて頭に来たので、せめてもの仕返しとして、昨日に引き続き全裸で小屋の外に繰り出し、ジャングルに向けて力いっぱいオシッコをしてやった。どうだ、全裸ならではの、両手を使わない手放しオシッコだぞ!!! **いいねこの自由さ!! 竿をつまむこともなく勢いに任せてオシッコを放出するなんて、赤ちゃんの時以来29年ぶりのことだねっっ!!! やったね!** じょ――――――

うひょう終わったらすぐ帰らなきゃ!! ぼやぼやしてると蚊に襲われてヒルに吸われてサソリに刺されて虎やクマが出るっ(良くない環境ですね)!!!

さて、昨日あれだけジャングルをハードに歩いたにもかかわらず、やはり怖さで脳がギンギンになったため結局寝られたのは朝方6時過ぎであった。そして板むき出しのベッドで体中の骨という骨がぐりぐりされ、痛くて1時間後に目が覚めたの。

まあとにかく朝だ。いよいよこのブンブンヨンなどという客をナメた名前の幽霊屋敷ともおさらばである。おまえなあっ、**小屋の名前に「ン」が3つも入ってるなんて旅行者をバカするにも程があるんだよっ!!!**　↑単なる言いがかり

今日はもう、歩く必要はない。ちゃんと迎えのボートは手配してあるからな。なにしろ昨日は、「明日ボートで迎えに来てください」と村の事務所でお願いするためだけに、わざわざヒルに食いつかれ遭難しながら4時間もジャングルを歩いたのである。

いやあまったく、**この不気味な小屋野郎めがっ!!!　ドゴ〜〜〜ン!!!**

すべての荷物を抱えて外に出ると、オレを恐怖のゾンドコに落としやがった罪深いブンブンに蹴りを入れようと思ったがそれは足が痛くなりそうだったので、代わりに手をつないで歩いて来た通りがかりのマレーグマのカップルを思い切り蹴飛ばしてやった。がはっざまあみろ。泣きながら逃げて行きやがったぜ……。

顔の周りにまとわりつくYBK軍団にかぶり付いて食い殺しながら、木にしがみついて川への斜面を下ると、オレという最凶の試練を乗り越えた戦士を迎えるために、村からやって来たボート乗りが英雄を称《たた》える舞いを奉納していた。

おお、ご苦労だな。

なんでも、今まで有史以来1000人以上の剛《ごう》の者がこの「一人ブンブン泊」の荒行《あらぎょう》に挑戦したのだが、無事に生還できたのはスティーヴン・セガール、前田慶次郎に続いてオレがたったの3人目であるという。

乗り込むやいなやボートは発進し、歩いて4時間かかったクアラタハンへの道をわずか15分で走り切る。

さらばブンブン………。

ふと下方に目をやると、つい2日前まで五つ子ちゃんが入っていた臨月満月（りんげつまんげつ）のお腹は、2人減り**三つ子ちゃん入りサイズ**にまで見事にスリムになっていたのであった。

クアラタハンからボートで3時間、そしてバスに乗り換えた3時間で、その日の夕方オレは再び大都会クアラルンプールへ戻った。

疲労いっぱいであったが、宿にチェックインするとすぐに無意識のまま電車に乗り、気づいた時オレはデパート「そごう」の日本食レストランで派手にオーダーを通し、冷や奴《やっこ》とチキンカレーを前にビクトリアの滝のようなヨダレを垂らしていた。

幸せじゃ！　余は幸せじゃっっ!!!　ここはなんという希望あふれる空間なんだ！日本のデパートは美しい!!　ここにはサソリもヒルもムカデも虎もいない!!!

見てみろこの和食の神髄・冷や奴の繊細な、涼を感じさせる提供の仕方。視覚効果にまでこだわった、凝った演出。**タマンヌガラとは大違いだねっ!!!　なんなのあの演出のかけらも感じられないがさつなジャングルはっ？　繊細どころか生き血まで吸いやがって!!!　あんなデリカシーのない原始林は上流階級でモダンボーイのオレには到底似合わないんだよっ!!!　オレは高級デパートにこそいるべき人間なんだよっ!!!**

ああああのような忌まわしい人外魔境でガラスのハートな私がどれほど怖い思いをさせられたか……密林の小屋に監禁され恐ろしい毒虫や獣に囲まれて……私の貞操は……おおおおおおお（泣き崩れ）。

冷や奴とチキンカレーを平らげると、帰り道にマレーシア風焼き鳥のサテを10本ほど買い食いしながら屋台ではスイカとドリアンを食し、宿に戻ってフレッシュジュースをがぶ飲みしつつコンビニで買ったポテトチップ（ミスターポテト・バーベキュー味）をバカ食いした後で30時間ほど寝た。

いやー、ほんと生き返ったよもう……。おや？　今日は満月か……。でもなんだかおかしいね。部屋の中なのに満月が見えるなんて。

さて、これにてマレーシアの予定はすべて終了だ（別にもともと予定なんて立ててないけど）。

順風満帆に予定をこなしたオレは、クアラルンプールからマレー鉄道に乗り北上、ペナン島を経由して、東南アジアの3カ国目、タイに入国した。

国境の町で1泊した後、夜行電車で到着したのは首都・バンコクだ。

バンコクでオレが滞在先に選んだのは、世界最大のバックパッカーの集結地、カオサンストリートである。

バックパッカーならば、この「カオサンストリート」という言葉を聞いたことのない者はいないだろう。

そう、バックパッカーならばカオサンストリートという言葉を聞いたことのない者はいないだろうが、所詮バックパッカーとして旅をするような人間は一般人100人の中にせいぜい2、3人だろうから、**結局カオサンストリートなんて聞いたこともないという人の方が圧倒的に多いことだろう。**

それでいいのです。日本人全員がバックパッカーなんかになったら、**国が滅びますから。**

みなさんはどうかそのままの、カオサンストリートなんて知らないみなさんでいてください。

ということで説明しよう。

カオサンストリート、カオサン通りというのはもちろん1本の道の名前なのだが、この通りの周辺地区は外国人旅行者に向けたレストラン、バー、旅行会社、土産物屋、屋台に露店にマッサージに安宿とあらゆる施設が取り揃えられ、世界中から最も多くバックパッカーが集まる世界一の旅人の拠点なのだ。

世界中から多国籍の旅人がこぞって集結するという点では、ここはさながらゴールドラッシュに沸いた19世紀半ばのカリフォルニアのようでもある。ただし、ゴールドラッシュでは集まった労働者たちがみな必死に鉱脈を掘って働いていたのに対し、カオサン地区の場合は集まる人間が**誰一人として働く気はサラサラない**というのがいくぶん異なるところである(涙)。

オレはこのカオサンで、日本人が経営するいわゆる日本人宿、「カオサントラベラーズロッジ」を利用させていただくことにした。

この宿の宿泊者は全員日本人。日本食が出る食堂と、マンガ図書館(日本のマンガ蔵書多数)つき。この宿には、その居心地の良さのせいで1カ月2カ月は当たり前、中には半年以上居座っている長期旅行者もいる。いや、半年も同じ宿にいる時点で全然旅行者じゃないので、長期旅行者あらため**長期ダメ人間**もいる。

しかし、この宿は旅行者がだらだらと長期滞在してしまうのもよくわかる、なんとも優良な宿泊設備を誇っているのだ。

1泊ほんの300円そこらの値段で、ついているのはエアコンに水洗トイレに日本食レストランに日本のマンガに日本人ルームメイト。旅人にとってはこの上ない贅沢な環境だ。たとえ「母を訪ねて三千里」の旅を始めたばかりのマルコ少年でも、途中でこのカオサントラベラーズロッジに宿泊したら、**母を訪ねることもすっかり忘れて**半年以上だらだらと滞在してしまうことだろう。

宿からほんの数十mの範囲にコンビニやスーパーマーケットやネットカフェや各種食堂＆屋台が集まっているし、間違いなく、アフリカからの旅路の中でここが最も過ごしやすい宿である。

つい先週宿泊していたブンブンなる宿などは、日本食やマンガどころか**電気と壁がなかった**のである。日本人ルームメイトどころか、近くにいたのはサソリやヒルである。近所にコンビニがあるどころか、**半径数百㎞にわたってジャングル**である。なるほど、ついだらだらとブンブンヨンに長期滞在してしまう旅行者が一人としていないというのも納得できるな(涙)。

ただ、いくら居心地が良い宿に泊まっていようが、オレは誰よりも自分に厳しい職人気質の旅行者である。かつてMHKの人気番組「プロフェッショナル　仕事の流儀」にひきこもり旅行者のプロとして出演した時にも述べたが、観光は旅行者の義務なのだ。新しい町に着いたら、旅行者は必ず観光に出かけなければならないのだ。

そんなわけで、オレはバンコクに滞在中も精力的に観光に出かけ、ワット・ポーにワット・プラケオにワット・アルン、日帰りで映画『戦場にかける橋』の舞台となったカンチャナブリ、さらにアユタヤにも足を延ばしワット・ヤイ・チャイ・モンコン、ワット・スワン・ダーラーラーム、ワット・マハータート、ワット・プラ・シー・サンペット、ワット・ロカヤスタ、ワット・プー・カオ・トーン、ワット・ラーチャブラナという数々の仏教遺跡を、レンタルサイクルで訪れたのである。

……………。

あっ！　しまった！　言い忘れてたけど、今の段落は**「遺跡名を1文字も飛ばさずに読み切った人に100万円プレゼント」のキャンペーンの対象になってたんだよね。**
ああ、残念。あなた途中読み飛ばしてたから、チャンスを逃しちゃったよね。
でも今回はダメでも、今後また同様のキャンペーンが行われることがあるかもしれないから、これからはうさんくさい遺跡名といえども1文字も逃すことのないよう集中して読んでいこうね！

ということで、表の観光地をひと通り義務的にまわった後で、次はガイドブックからも外されることが多いバンコクの裏観光地、**死体博物館**を訪れることにした。

この死体博物館では、それはそれは多種多様の人間の死体があるいは死んだ時のまま、あるいは見やすいように体の一部が切り取られ、またあるいは3枚におろされて、ホルマリンに漬けられてこれでもかこれでもかと陳列されているそうなのだ。老若男女の死体がくまなく集まるこの博物館は、**死体界のカオサンストリート**と呼ぶにもふさわしい賑《にぎ》わいぶり（死体で）を見せているのである。

ただし病院の敷地の中に作られているこの博物館は、そもそも医学に従事する人たちが勉強や研究のために訪れる施設であり、はっきり言ってただ「本物の死体を見てみたい」という不純な好奇心だけで観光に来るような奴は、最低な人間だと思う。

ただ別に言い訳するわけではないが、なにしろオレは、**最低な人間なんだ。**ああ本物の死体、見てみたい……（本当に言い訳していない）。

受付でチケットを買い、研究室のようなこぢんまりとした部屋に入ってみると、死体の部品が実に無造作に、四方八方に展示されている。

目の前のガラス棚には、ひからびた人間の**膝下の部分が2本**放置されていた。

なんかちょっと、扱いが荒っぽすぎないこれ？　こんな雑な保管の仕方で、防犯態勢は大丈夫なの？　これじゃあ、誰でもガラガラっと戸を開ければ簡単に足を**フライドチキン感覚でテイクアウト**できてしまうじゃないか。

勝手にテイクアウトしたら受付で見つかっちゃうかもしれないが、そういう場合は2本とも**自分の足の下に装着して**靴を履かせれば、係員にも「あれ？　あの

日本人ってあんなに背が高かったっけ?……**まあいいか**」と少し疑問に思われる程度で通過できるだろう。

人の足なんか盗んでなんの使い道があるんだと思うかもしれないが、そこは発想力の問題である。どんなものにだって、それを使う人間次第で利用価値というのは生まれるのだ。たとえばサッカーの試合に出る時にこの足を隠し持ち、乱戦に紛れてこれでボールを叩いてやれば、決してハンドの反則を取られることなくゲームを有利に運べるのだ。他にも、雨の殺人現場で捜査をかく乱させるため複数の足跡をつける時とか、**シンクロナイズドスイミングで高度な技に挑む際に自分の足の代わりに水面に突き出すとか、**利用方法は無限にあると言ってもよいだろう。**人の話を聞いてるだけじゃなくて、あんたも少しは自分で工夫して考えてみろよなっ!!!**

次の棚の中には、液体に入れられた腕が2本、下向きでプラーンと並んでいる。さらに奥の棚には、今度は**半分に切られた人の顔**がポツンと展示されていた。

人間の頭が、顔の中心から縦にまっ二つに割られていて、白子のような脳や顔面内部の未知なる部分をさらしながら、左右別々にガラス

ケースに陳列されているのだ。これ、**本人の許可を取って展示しているのだろうか……。**

その他にも、入り口近辺の掲示板には、極めて惨《むご》たらしい死に方をした人たちのモザイクなしの死の直後の写真が多数掲示されている。なぜか体全体が大爆発していたり、ガラスの破片で首を一直線に裂かれてパッカーンと首の中身が見えてしまっている人など、非常に猟奇的この上ない写真の数々である。

いやあ、ほんとにおもしろいなこれ……。

やっぱり人間も、人間という特別なものに見えるけど実は茶碗や自動車と同じ、ただの物体なのだなあ。

オレたちはいつも、周りにいる人のことを物とは思わず、あくまで「人間」としてとらえている。でももし、たとえば自分の愛する彼女や彼氏がこうやって体の部品だけになってしまったら、それでも我々は相手を愛することができるのだろうか？

いや、無理でしょう。そんなのは無理。…………いや、どうかな。やっぱり、愛せるかな。うーんやっぱり、オレだったら、**大好きな女性の死体なら愛せると思う。**間違いなく愛せる。むしろ**食べられる。ていうか食べたい。**だって今はオレのことなんてまったく眼中にないあの人も、殺して食べてしまえばもうオレだけのものじゃないか!!　永久に一緒にいられるじゃないか‼　**彼女の肉体がオレの血や肉になってくれるのならば、それが真の幸せというものだ!!!　それこそが究極の一体化じゃないか!!!　それがオレの愛だ!!!　見てろっ‼　オレはやってやるぞっっ!!!!**

…………………。

あ、すいません。

なんか僕ちょっと今おかしなキャラクターになってますが、これはいつもの僕じゃありませんからね。本当の僕じゃないですから。だからもし警察の方がこの本を読んでいても、僕を要注意人物のリストに入れたりしないでくださいね。だって普段の僕はこんな猟奇的思考じゃないんですから！　**本当ですよ‼　今だけなんです‼　今だけ！　今だけたまたま大麻を吸っておかしくなっているだけなんです‼　そういう正当な理由があるんです!!!　だから決して警察のご厄介になるような人間ではないんです僕はっ!!!**

……………一応言っておきますが、**すべて冗談ですからね。**信じちゃやーよ。

うわおおおっっっ!!!!!!

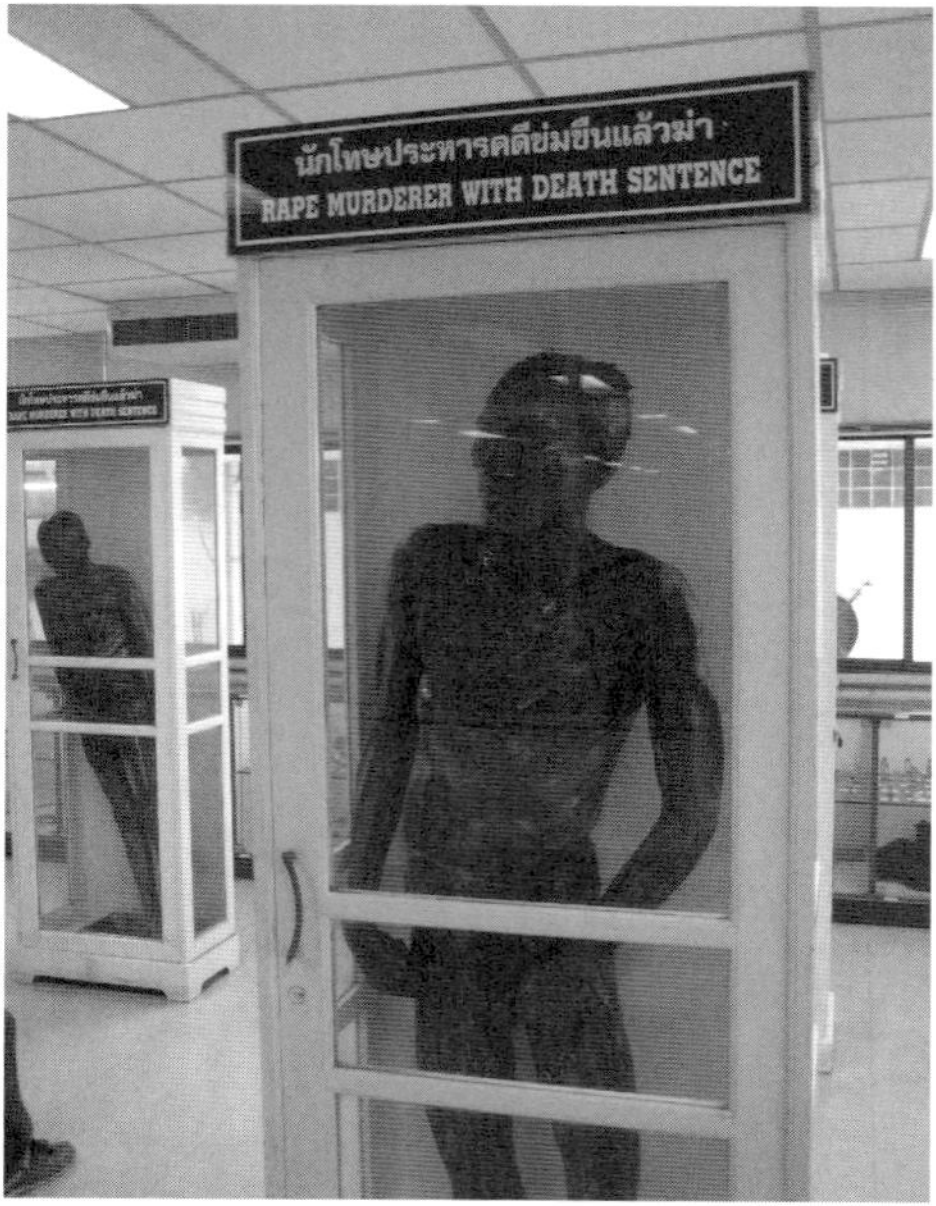
นักโทษประหารคดีข่มขืนแล้วฆ่า
RAPE MURDERER WITH DEATH SENTENCE

またあなたは、小麦色を通り越して褐色の肌ですね……。それ、どこで焼いたの？　すごく自然な仕上がりに見えるけど。プーケット？

　取扱説明書を読んでみると、こいつはレイプ殺人の罪で死刑になった猟奇殺人者だということだ。他にもあちこちに並んでいる立ったままのミイラ風死体は、人を殺して食っていた奴や少女を誘拐して殺した奴など、筋金入りの凶悪犯ばかりである。

　これはなかなか良いシステムではないだろうか。日本の凶悪犯も、刑務所に入れて税金で養うことなんてせずに、熱湯に入れるなりノコギリで八つ裂きにするなりして早々に息の根を止め、死体や体の部品を展示館に並べて観光名所にしたらどうだろう。そんな楽しい観光地があったら僕はぜひ見に行きたいです。

　それにしても、こうして死体博物館に展示されている死体を見ると我々は「うえ〜っ」と気持ち悪く感じてしまうのに、ケンタッキーフライドチキンの店頭に並ぶチキンを見ると**迷わずおいしそうだと思う**のはなぜだろう？　同じ死体だというのに、実に不思議だ。

　もしかしたら生き物というのは、自分と同じ種の死体を見ると薄気味悪いと思うけど、違う種の死体だったらなんとも思わないようになっているのだろうか？　それならもし近所のニワトリをケンタッキーフライドチキンに連れて行き商品棚を見せたら、きっと彼にしてみれば**死体博物館を見物しているようなおぞましい気分**になるんだろうな……。

しかしこうして動かない肉体をいくつも目にしてみると、逆に生きているというのはなんて貴重なことなんだろうと、あらためて気付かされる。

自分もいつかは必ず、これらのような死体になるのである。命を与えられている期間というのは、限られているのだ。ならば生きているうちに、時間を無駄にせずできるだけ多くのこと、やれるだけのことをやっていきたいものではないか。

オレもこれからは、限られた人生のうちに1本でも多くのゲームをクリアし、1冊でも多くのマンガを読破できるよう、帰国後は1分1秒を大切にし一生懸命ひきこもりに励みたい。

思いがけずもそんな前向きな決意を抱かされた、バンコク、死体博物館での1日であった。

7. バンコクで荒行

死体博物館で山ほどの死体を見た影響で、オレはそれからしばらく死体を見習って微動だにせず宿で横になり、マンガ図書館で借りた『こいつら100%伝説』を読み続け、ほんの時々起きて日本食や屋台メシを食いまくってはまたベッドで死体になり、食べる時以外は起き上がらないという**人として実に理想的な生活**を送っていた。

なにしろ10人部屋のこのドミトリー（大部屋）、昼間からほとんどの旅行者が同じように死体化してマンガとともに横たわっているため、怠けているという罪悪感もまったく感じずに済み素晴らしいのだ。

まあ罪悪感がないのは当たり前だ。元々怠けることに罪の意識を感じるような人間だったら、**今の時点でタイになどおらず日本で会社勤めをしているはずである。**今さら「よし、ベッドでゴロゴロなんて怠けてないで、ちゃんと長期旅行者らしく移動をしよう！」などと改心し実際にいろんな街をフラフラと渡り歩いたとしても、**それも結局ものすごく怠けている。長期で海外旅行をしている時点でとっくにめちゃくちゃ怠けている。**

どうせどっちにしろ怠け者だと思われるなら、より心身に負担の少ない怠け方のほうがよいではないか。じゃあ、マンガ読もうぜ。『ＮＡＮＡ』読もうぜ。横になってさあ。そうなるだろう必然的に？　それが利口な考え方だろ？　わかるだろそのくらいあんたにもさあ？　ああん？

ともあれ、死体博物館ではひとつの研究室の中にたくさんの死体が横たわっていたわけだが、はっきり言って**宿の部屋に帰って来ても死体博物館とたいして変わらない風景だ。**

死体博物館から一体持ってきてこの宿のベッドに載せ、逆にここにいる旅行者を一人そのまま博物館に運んでホルマリンの中に浮かべても、**誰も交換されていることに気が付かない**のではないだろうか。しかし、見た目ではいい勝負だとしても、医学ひいては人類への貢献度はこの宿は死体博物館に**完敗**である（涙）。

だいたいここに宿泊している30人ほどの日本人長期旅行者（もちろんオレ含め）は、全員無職だ。むしろ今すぐこの建物に放火して、出来上がった焼死体を陳列して**第2の死体博物館として保全**した方が、世のためになりそうである。

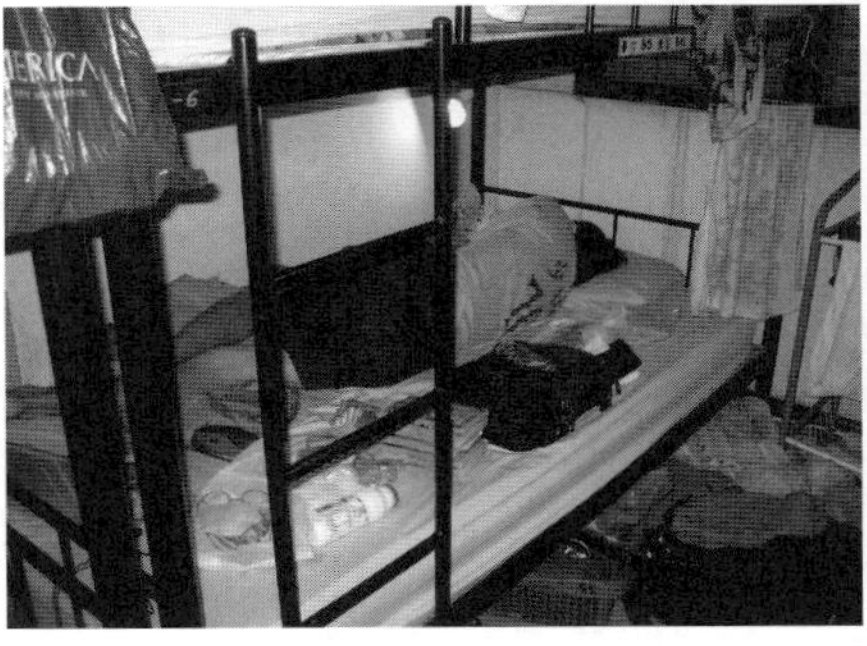

宿のスタッフとして食事を作ったり掃除をしたりと健気《けなげ》に働いているタイ人の女の子たちは、毎日働きもせず食っちゃ寝食っちゃ寝してるオレたちのことをいったいどう思っている

のだろう？　きっと帰り道には、同僚と「本当にこの世界って不公平よね。あんな『絶対に結婚したくない男ランキング』殿堂入りの男ども、**明日までに全員強盗にめった刺しにされればいいのに**」などと悪口で盛り上がっているに違いない。

まあそんな感じで、死体より役に立たない最低人間としての暮らしをしばらく続けていたら、再びそんじょそこらの信楽焼《しがらきやき》のタヌキには負けないくらいの異様な腹の膨らみ具合になってきた。なんだこれは。なんだこの膨らみは。おいおい、風流じゃないか。

まあ腹がまた満月になったからといって、それは必ずしも悪いことってわけじゃないんだけどな。隣に日本酒を並べれば**花札なら「月見酒」で5文**になるし、ジャングルでは両手で乱打することでクマよけになるということを自ら証明したわけだし。現にオレはクマに出会っていないだろう？「出る杭は打たれる」と言うが、出る腹も打ってみればなにかと重宝するもんだよ。

ただ、ジャングルの中では重宝しても、都会に生きる上でこの出過ぎた腹は、どちらかというと危険を呼ぶ方が多いかもしれない。もし敵のチンピラを追っているヤクザがやって来て、「おい、今ここに若い男が逃げて来なかったか？」と聞かれ、素直に「いや、知りませんね～」と答えても、「ウソをつけ！　**じゃあこの腹はなんだ‼　ここにかくまってい**

である。

るんだろう!!!　ちょっと事務所まで来いやテメエ!!!」と恐ろしい濡《ぬ》れ衣《ぎぬ》を着せられそう

さすがにオレは焦った。

いくら旅行中とはいえ、「ちょいワルひきこもり」としてダンディーさをウリにして来たオレが、こんなブヨブヨな姿でいいわけがない。最近では地方自治体によってメタボ検診が行われているが、こんなことではメタボ検診の**検査室に入る段階で入り口に腹がつかえて通れない**なんてことになるのではなかろうか。

どうしよう。なんとかしなければ。

そうだ！　こうなったら耳なし芳一が住んでいる寺に行って、**わざと腹に経文を書くのを忘れて平家の怨霊に腹を持って行ってもらおうか。**耳なし芳一の続編として、**腹なし芳一**という怪談もできるだろうし、日本の怪談業界に話題を提供するためにもいいかもしれない。

なにしろタイは仏教国なので、カオサンの近辺にもオレンジ色の僧衣を着たお坊さんがたくさん歩いている。よーし、この際彼らに頼んで怨霊のいるお寺まで連れて行ってもらおうじゃないか。

　ということで、あくる日オレは破水寸前の腹を抱きかかえながら、芳一の住む阿弥陀寺を探して近所の右往左往を始めた。

　カオサンの表通りから裏通りまで散策してみたのだが、なかなか目当ての寺は見つからない。しょうがないひと休みしようと、屋台で肉の串焼きを10本ほど買い込み、近くの露店のスイカやパパイヤと一緒に歩きながら食べまくっていたところ、ひょいとムエタイ（タイ式キックボクシング）のジムの前にさしかかった。

　そのジムは通り側の壁がなく、通行人から完全に中が見えている。テレビでよく見るボクシングジムのように、リングがどかっとあり、その周りに大きな鏡やサンドバッグが並んで裸のたくましい面々が「アイッ！　アイッ！」と激しく攻防を繰り広げている。

　なにを隠そうオレはオタクにありがちな格闘技マニアで、その昔は生意気にも少林寺拳法を学んでいた身である。よって初めて見る生のムエタイ風景に、気を引かれてしばらく眺めていたところ……。

　なんだかジムの中から、こちらにやって来る男性が。

「オイおまえ、なんだその若者にあるまじきだらしなくたるんだ腹は‼」

「**うわびっくりした‼**　な、なんですかっ！　いきなり初対面の人間の腹にケチをつけるなんて、失礼じゃないですかあなた！」

「おまえもう腹が膨れ過ぎて、Tシャツがめくれ上がってブラジャーのようになってしまっているじゃないか」

「いいでしょう別に。今は男でもブラジャーをつける時代なんですから。メンズブラですよこれは。とっても安心感があるんです」

「少しは運動しようと思わないのか？」

「運動しようと思っています。でも今はお腹がみっともなくてとても人前に出られないので、もう少し痩せてから運動をしようと思っています」

「そういうことを言う奴は一生運動なんてしないんだ。どうだい。うちのジムはわずか400バーツで半日体験コースがあるんだ。前を通りかかったのもなにかの縁だろう。ぜひやって行けよ」

「え、そんなのあるんですか⁉　えー。本場のムエタイのジムでトレーニングができるなんて、貴重な体験ですね。でも大変そうだしなあ。暑そうだしなあ。痛そうだしなあ。疲れそうだしなあ。蒸れそうだしなあ。ちょっとは興味はあるけれど、疲れたり痛かったり汗かいたりそういうのはイヤなんだよなあ」

「貴様黙れっっっ‼‼　よし、じゃあ決まりな‼　それじゃ入って！　ほらほら、コーチ！　こいつにパンツ用意してあげて！」

「なんですかっ‼　まだなにも決めてないでしょう僕は‼　そんな強引にあなた‼　やめてばかっ（涙）‼」

オレがほんのわずかに興味のある素振りを示すや否や、明らかに元プロファイターだと思われるムキムキのタイ人のおっさんは、力いっぱいオレをジムに引っ張り込むとパンツを持たせ「着替えろ！」と命じトイレに閉じ込めた。

完全に無理矢理であるが、抵抗してもムエタイファイターに力で敵《かな》う訳がない。

ということで、怨霊のいる阿弥陀寺を探していたはずのオレは、いきなり道端でムエタイファイターにつかまりそのままムエタイジムに連れ込まれ、ムエタイトレーニングに参加することになってしまったのである。ああ予定が狂った。

とはいえ、これも七つ子ちゃんを胎《はら》んだこの満ちあふれる腹周りをいくらか引き締めるためには、有効な手段に違いない。なにしろここは昔話の世界ではないのだから、探したって芳一の和尚さんも腹とりじいさんも腹切りすずめもいないんだ。それなら、現実的に運動をして子どもの数を減らすしかないではないか。万が一このまま七つ子ちゃんが生まれてしまったら、オレは2代目ビッグダディとして離島で暮らしながらテレビの密着取材を受けることになってしまうかもしれないからな。

素直に覚悟したオレは、いったんお得意の全裸になってから黄色い練習生用ムエタイパンツ（巨大なトランクスのような）をはき、トイレから出ると元ムエタイチャンピオンのナン先生の指示により、まずは縄跳びでウォーミングアップをすることになった。

　ちなみに先ほども述べたが、こう見えても（イケメンの布袋様のように見えても）、オレは10年前には大学で少林寺拳法の特訓に明け暮れていた拳法の有段者である。おまけに、スーパーファミコンからプレイステーションまでの「スーパーファイヤープロレスリング」シリーズもすべてクリアしているという強者《つわもの》だ。要するにそこらにいる素人《しろうと》とは大違いであるからして、たった半日限定のムエタイトレーニングなど楽勝でこなせるに決まっているのである。

　それじゃあ縄跳びね。

　いいか、縄跳びなんてもんはなあ、真のイケメンは両足を揃えてなんて飛ばねえんだよ！ほら、こうして片足で2回ずつ、いかにも跳び慣れてるという華麗なスタイルを見よ！　フォンフォンフォンフォンフォンフォンフォンフォンフォンフォンフォン……　よっしゃ、調子に乗って軽やかに二重跳びだ!!　フォフォンフォ**バッチ〜〜〜ン!!!!!!**

あご〜〜〜〜っっ（号泣）‼　つま先がっっ（涙）!!!　二重跳びで勢い良く跳んでいたらタイ製のすこぶる質が悪くてかったいゴムの縄がオレのデリケートな足の指たちにぶち当たった〜〜〜〜っ!!!　折れたっ‼　折れた〜〜指が折れた〜〜〜っっっ（泣）!!!　ぐごっ‼　ぐごごっ!!!　うご〜〜〜っ!!!!!!


「おいなに遊んでるんだツヨシ！　カモン！　グローブを着けるからこっちに来い！」

「ふぁ、ふわわわぁ……ふぁい……」

「もっとしっかり返事をしろ‼」

「ラジャー！　ブラジャー‼」

くそ……さすが元チャンピオン、生徒の足の指が折れたくらいでは練習を休ませないというのか……。なんという厳しさか。これが頂点を目指す戦いなのか……。

元チャンピオンのナン先生は直々《じきじき》にオレの両手にバンデージを巻き、そして青色のグローブを装着してくれた。

グローブを着けると、今度は他の練習生も一緒になってリング上で円になり、全員でストレッチを行う。立ったまま左右交互に膝を上げ、次は足を伸ばして勢い良く頭まで蹴り上げる。

　きっと体験入学生というのは珍しいのだろう、周りの若いタイ人生徒からの熱い視線がオレに集中しているのを感じる。

　そうか……、そんなに美しいかいオレのパンツ姿が。**ならば存分に見るがいい。この年末にもananで初ヌードを披露しようというこのオレの情熱裸身を。**

　オレは恥ずかしがるどころかむしろ見せつけるように、大胆に足を高く上げ、我が肉体の柔軟さと妖艶《ようえん》さをファイターたちに存分にアピールしておいた。

　ストレッチの後はバラバラになって個別トレーニングだが、ナン先生はオレにサンドバッグを蹴るように命じて来た。

　よーしここは、型だけ覚えていれば女子高生でも簡単に合格できるけど、でも筆記試験もあるからちゃんと勉強しないと取れないそれなりに価値のある少林寺拳法の段を持つ、オレの強烈な蹴りをズバッと食らわせてコーチ陣の度肝を抜いてやろうじゃないか。こんなひき

こもりが今からまさかの豪快キックを見せるけど、驚くなよ先生?
オレは、左足を前にしたオーソドックススタイルに構え、大学以来およそ10年ぶりにフルパワーの右足蹴りを、サンドバッグに叩きつけた。**オリャアアアアア〜〜〜〜〜〜〜ッッッッ!!!!**

ペッシイーーーン!!!

はぎょえええ〜〜〜〜っっ(号泣)!!!　足の甲がっっ(涙)!!!　10年ぶりの全力を込めてタイ製のすこぶる質が悪くてかったいおっもいサンドバッグを蹴ったらオレのデリケートな足の甲が砕けた〜〜〜っっ(泣)!!!　折れたっ!!　折れた〜甲の骨が折れた〜〜っっっ!!!　今度こそ確実に折れたっ!!!　マジで!!!　がご!!　がごげごっ!!!　げがごがっっっ(号泣)!!!

「おいツヨシ。違う違うそうじゃ、そうじゃなーい。足の甲で蹴るんではなくて、ムエタイではスネを当てるんだ」

「そんな律儀な指導されてももう無理です……だって足の甲の骨が折れたんです……(涙)」

「いいからやれ!! 今度はパンチから。ワンツーパンチを打って、スリーで右の蹴りを叩き込め!!」

「ラジャー! ブラジャー!! ぜえぜえ、ワンツースリー!! パシーン! ワンツースリー!! ピシーン!」

「もっと思い切り!! 相手を倒す気迫を見せろ!!」

「ワンツースリー! ペシーン! **痛いっ(涙)!! スネが痛いっっ!! 今度はスネの骨が折れましたっっ(号泣)!!!**」

「すぐに痛い痛い言うなっ!!! なんというウィークつまり弱々しい奴だおまえ!!」

「だって骨が……もう足が痛くて痛くて……たまらなくて……(号泣)」

「そんなことで音を上げていては一人前のムエタイファイターになどなれないぞ」

「一人前のムエタイファイターになりたいと僕がひとことでも言いましたか(涙)?」

「ほら見てろ、こうやってやるんだ! ワンツースリー!! **ズン! ボン! グアッシ~~~ン!!!**」

ぶら~んぶら~ん……(サンドバッグが揺れる音)

「あわわ……(涙)。凶器や。あんたは全身凶器や。**歩く凶器準備集合罪やっ!!**」

「じゃあこの調子で、しばらく自分で続けるように」

先生はオレに自主トレを指示すると、そのまま他の練習生の所にコーチングに行ってしまった。うう……。まあいいや、足は痛いけど、腹のためにも一人でコツコツ頑張るか……。

ところで、トレーニングはさて置いて、オレが今お手本の先生キックを見て気付いたことがある。先生は練習用のムエタイパンツの下に、もうひとつ別の下着をはいていたのだ。

見回してみると、同じくキックの練習をしている周りの全員が、コスチュームの下から各自の下着がかなりの頻度でチラチラッと見えている。

……………。

この練習用パンツって、全裸フルチンの上に直接はくものじゃなかったのか。自分の下着の上にはくものだったのか……。

それならそうと言ってくれればよかったのに。先生はじめ他の面々が足を上げると下着が見えているということは、オレの場合は足を上げたら**チンそのものが姿を覗《のぞ》かせている**ということではないか。

もしかして先ほどストレッチの時に周りの生徒の視線がオレに集中していたのは、オレの裸が美しいからではなく、膝上げや足上げをする度に**チンがチラチラ見えていた**からなのではないだろうか。チンがチラチラ、**チンチラチンチラと**見えていたからではないだろうか。

そうとも知らずにオレは、柔軟さと妖艶さをアピールしようと恥ずかしがるどころか**むしろ見せつけるように、**大胆に足を高く上げ何度も繰り返しチンチラを披露してしまっていたのだ。あれ、はずかスー―（号泣）。

ああ、呼べばいいさ。オレのことを、**チンチラ男と呼びたければ呼べばいいさ。でも、おまえらにはこんな勇気はないだろう!!　初対面の外国人に堂々とチンチラを見せつける勇気はっ!!!　無尽蔵の勇気を持つオレ以外の誰にこんな大胆不敵な行動が取れようかっ!!!　見たかっ半日体験コースにもかかわらず惜しまずにすべてを曝《さら》け出して練習するこの猛者《もさ》の姿を!!!**

それからオレは、キックなど足を上げる動作の際は、必ず人がいない方を向いて行うようにした。ただし練習生の中には一人だけ20歳くらいのタイ人の女の子がいたので、彼女にだけは例外的に躊躇せず足上げを見せつけてあげるようにしたのである。

さて、サンドバッグの次は、鏡の前に立ってコーチに教わったコンビネーションの練習だ。ムエタイの特徴は、パンチキックの連打の中に肘打《ひじう》ちや膝蹴りが入るところである。空手や拳法やボクシングとはその点が違う。

オレはツウぶって「シュッシュッ！」と音を出して息を吐きながら、体がどっちを向いていようと必ず膝蹴りの時には女の子の方に向き直り、勢い良く蹴り上げて**チンチラを猛烈アピール**した。

そしていよいよ、一人前のチンチラとして実力を認められたオレは、ナン先生に呼ばれリングの上でのトレーニングに入ることになったのである。

元チャンピオンのナン先生が持つミットと防具めがけて、1ラウンド3分ずつでパンチ＆キックの打ち込みである。

見せてやるぜ……。日本の武道精神、大和魂《やまと》を、タイの奴らに思う存分見せてやるぜっ！

覚悟しろオラあああおおおあっ!!!

…………………。

そして3分後。

1ラウンド終了のゴングと同時にオレは、あまりの疲れと苦しさで**自らマットに深く沈み込んだ。**

汗が全身から噴き出し、目眩《めまい》がする。呼吸が苦しい。腕も足も動かない。スネが痛い。甲が痛い。指が痛い。腰が痛い。膝が痛い。肘が痛い。全部痛い。両手両足が、自分の体だとは思えないような重さだ……。オレの腕って、こんなに重かったっけ。普段なにも感じないから腕に重さなんてないものだと思ってた。ごめん、オレは肘掛け椅子くんの苦労を全然わかっちゃいなかったよ……。

今ではひきこもりに転職しているため学生時代のような動きなど到底できないと悟ったオレは、ここで遂に**引退を決意した。**

先生、今までお世話になりました。僕はここでグローブを置きます。先生、自分で取れないので、ちょっと外してください。もう宿に帰ります。そしてマンガを読みます。

「よしツヨシ！　スタンドアップ！　第2ラウンドだ!!」

「もう、もう無理です（涙）!!　僕は1ラウンドでノックアウトされたんです！　もう僕はリングを下ります!!」

「はい早く起きて!!　さあ来い!!　ワンツー！　膝！　ガードを下げるな!!」

「ヘァッ……、ヘァッ……」

「ほらワンツー！　膝！　それブロック!!」　バコーン　スコーン

「いだいっ（涙）！　あふあぅっ（涙）!!」

「ガードを上げろほら‼」　バコーン　スコーン

「やめでっ（泣）‼　ぶたないでっ（涙）‼　ああおぇっ（涙）！　あふあぅっ（泣）‼えふぃおぅっ（泣）‼」

強制的に始まった第2ラウンドで、オレは力を振り絞り、**ナメクジも殺せぬ弱々しいコンビネーション**を一生懸命ぶつけたのだが、オレのへろへろ攻撃が終わると今度はものすごい速さでミスターナンがミットでオレの頭をぶん殴って来るのだ。

ガードを上げろと言われても、なにしろ腕に着けたグローブが子泣き爺に変身したのではないかと思うほど重く、まったく持ち上げることができない。

よってただの半日体験入門者、元々はごく普通のひ弱なひきこもり観光客のチンチラ男（またの名を痛ガール）が、元ムエタイチャンピオンの張り手をひたすらノーガードで頭に食らい続けることになった。

あひ〜ん（号泣）。あひ〜ん（号泣）。

「ほらどうした‼」　バコーン　スコーン

「助けてっ（泣）‼　あへあっ（涙）‼　あふあぅっ（号泣）‼」

「まだまだ‼」　バコーン　スコーン

「許してっ（号泣）‼　あひあっ（涙）‼　あひあぅっ（号泣）‼」

「よし、第2ラウンド終了！」

「バターン」

オレは第2ラウンド終了の合図とともに、あの時のジョーのように真っ白に燃え尽きて灰になり心臓が停止した。

ドクター！　リングドクターを呼んでくださいっ!!　いや、むしろドクターヘリを呼んでっ!!　ドクターヘリで今すぐ救急救命センターに運んでっ（涙）!!!　お腹のややこがっ!!!　どうかこの子だけは助けてくださいっ（号泣）!!!　もうダメ……本当に死んじゃう……。

おお～おおおお～～～～～（涙）。

くそ、どういうことだよっ！　**こっちは客だぞ!?　金払ってる客を何発も殴るとは一体あんたはなにを考えてるんだっ!!!　タイってそんなに野蛮な国だったんだへぇーそうだったんだ!!!　ムエタイの戦士たちはもっと常識的な人だと思っていたのにがっかりだよこんな暴力的だったなんて!!!**

「どうした。暑いか？」

「あ、暑い……（涙）」

「水かけてやろうか？」

「かけて……水をかけて……」

「よし、ちょっと水持ってきてくれ！　ほらいくぞ、冷たい冷たい氷水だ!!　バッシャーン!!」

「きゃあああああああああああああっっっ（号泣）!!! !!!　づめだいっっ!!!　づめづめだいいいいいっっっ（涙）!!!!」

「どうだ、楽になったか？」

「私は死にました。ゴロンゴローン」

ジムの片隅には生徒の飲み水用に超巨大な氷を入れたポリバケツが備えられているのだが、その**氷水**をジョッキ1杯頭からザブンとかけられ（どうしてそんなものをかけるのですか？）、オレは叫びながら転がってリングから落ちた。

滞在先の外国でパンツ1丁にされ何発も殴られて倒れた所に氷水をかけられるって、**オレは素性がバレた敵国のスパイか？**

リングを下りたオレは他の練習生の陰にちょこまかと隠れ、迫り来る狂気のナンからひたすら逃げ続けた。

その後、しめくくりの全体練習だというので再びリングに上がったのだが、その内容はというと練習生が2人組になってお互いの腹を殴り合うという世紀末なものであった。

オレはすかさず例の女の子とペアを組もうとしたのだが、突然横から**オーストラリアからムエタイ留学に来ている狂暴な刺青《いれずみ》白人のデニス**に腕をとられ、そんな刺青怪人とボディを殴り合うことになった。もうやめておお……、**お腹のややこがっ(号泣)!!!**

そしてすべてが終了した時、オレはカオサンのリングに転がる一体の**変死体**と化しているのであった。こ、このまま僕を死体博物館に寄贈してください……(涙)。

翌日……、幸か不幸かオレの腹は平家の怨霊ではなくムエタイファイターたちに削られたことにより、見事に腹なし芳一レベルとまでは行かずともそれなりのスリム化がなされていたが、**全身の筋肉痛**によりしばらくベッドから起き上がることができないのであった。

↑カオサンの狂気、殺人刺青デニス

8. A・RA・SHI

東洋から来たムエタイ戦士としてタイの格闘技界を荒らし回り、タイトルを総なめにペロペロなめたオレは翌日から**全治3週間の激しい筋肉痛**に陥り、絶対安静の容体となった。

今はもう当初の危篤状態からは脱したものの、まだまだ予断は許されない状況だ。このような厳しい容体では、できることといえばせめて**日本人宿という名のICU**のベッドで横になり、マンガ図書館から借りてきたコミックスのページをめくることくらいだ。

いいじゃないか。せめて今日1日くらいは『赤ちゃんと僕』を読ませてくれよ。いいだろ。オレのたった一度のわがままを許してほしい。**今日の午前中のうちではたった一度のわがままをどうか許して欲しい。**

ということで、毎日午前と午後に「午前の部のたった一度のわがまま」「午後の部のたった一度のわがまま」を出し惜しみせずに繰り出し、オレは数日間ゴロゴロと横になってただひたすらマンガを読み続けた。

でもこれは決して怠けているわけではなく、体調の問題だから仕方のないことなのだよ。なにしろ筋肉痛といえば、横綱審議委員会時代の内館牧子でも「あら、筋肉痛なの？　**それじゃあ朝青龍も休場するのは仕方ないわね**」と**素直に納得するほどの重篤な体の不調**なのだ。そのような死病とも言える疾患に冒されているのだから、こうして一日中ベッドに寝そべり『ハチミツとクローバー』を読んでいるオレを責めることができる者など、お父さんとお母さん以外には誰もいないであろう。

ところが、やはりそこは人並み外れた理性を持つオレであった。

ある日マンガ図書館で次に借りる少女マンガを物色していたのだが、ふと歴史コーナーにある横山光輝の『三国志』が目に入った瞬間、あっオレそういえばバンコクにひきこもりに来たんじゃなくて、**中国を目指す旅の途中だったんだ**ということに半年ぶりに気付き、我に返ったのである。

そうだった……。

たしかにそうだな。**オレはわざわざアフリカ大陸を縦断してまでマンガ図書館を目指して来たわけじゃないよな。**

そうそう、オレにはもっとしっかりした目標があったんだよな。いやあ、危ない危ない。もう1歩間違えたら宿でマンガ読みながらゴロゴロしちゃうところだったよ。そうなる前に気付いてよかった。

正直なことを言えば、オレもバックパッカーとして一度くらいは「沈没」というものを経験してみたくもあった（バックパッカーが居心地の良さにかまけて特に意味もなく特定の都市に長期滞在することを、「沈没」と呼ぶのである）。

なにしろここに滞在していれば辛いことはなにひとつない。日本食もある。コンビニもある。**ゴーゴーバーもある**（バックパッカーが少しでも世のため人のためになろうと、「ゴーゴー！」という威勢の良いかけ声をかけながら公園のゴミ拾いをしたり、砂漠に植樹をしたりする活動を「ゴーゴーバー」と呼ぶのである）。

そんなふうになんでも揃うバンコクであるが、しかしオレには中国を目指すという目的があるのだし、そもそもオレという人間は1カ所にじっとしていることができない男なんだよね。自転車のように止まれば倒れる生き方をする男、それがオレなんだ。部屋の中でじっとしているだなんて、**あーもう耐えられないっ!!!　オレが一番苦手なことそれっ!!!!**

ということでオレは、絶対安静状態から回復するとすぐに住み慣れたカオサンの宿をチェックアウトした。

ああ、この宿での生活は、実に楽しかった。設備もさることながら、なにより日本人のルームメイトととりとめなきことを語らうのがとても楽しかった。**タマンヌガラのブンブンでの生活の、10,000,000,000,000,000,000,000,000,000,000,000,000,000,000,000,000,000,000,000倍（1恒河沙《こうがしゃ》倍）楽しかった。**

さて、バンコクから北へバスで7時間。

スコータイ遺跡は、今から約７００年前に栄えたスコータイ王朝の姿を今に残す、貴重な仏教遺跡群である。

ついほんの昨日まで宿のベッドで『桜蘭高校ホスト部』を読んでいたのに今日はちゃんと長距離バスに乗り、遺跡の町まで律儀にやって来ている私。こんな私、かわいい私。もう戻らないあの夏。

到着の翌日、オレは宿でレンタルバイクを借り、朝からスコータイの数々の仏教遺跡へ観光に繰り出した。

まず最初はワット・ターウェットという、釈迦の生涯やら説法やら地獄やら拷問やらを人形で表現した寺院を訪れる。そしてその後も精力的に遺跡を回り、ワット・ターウェットの次はワット・チェトゥポン、そしてワット・トラパントーン・ラーン、ワット・マハータート、ワット・シー・サワイ、ワット・トラパングーン、ワット・スラシー、途中で博物館に立ち寄り、それからターバーデーン堂、ワット・プラパーイルアン、ワット・シーチュム、ワット・サパーン・ヒンとすべてバイクで、ほとんどのスコータイ遺跡を1日で観光し終えた。

……………。

あっ！　しまった！　言い忘れてたけど、今の段落は**「遺跡名を1文字も飛ばさずに**

読み切った人に100万円プレゼント」のキャンペーンの対象からは外れているんだよね。

ああ、残念。「今度こそは」と思って遺跡名を律儀に全部読んだ人もいると思うけど、今回の遺跡はキャンペーン対象外だから。

でも安心して。アユタヤ遺跡に続いて**今回もまた読み飛ばした**っていう人も中にはいるみたいだから、そんな薄情者と比べればちゃんと読んだあなたは十分に誠実な人だということが証明されたのだから。胸を張っていいよ。さあ、胸を張って。そして女子のみなさん、オレにもあなたのその胸を張らせてよ(張り手のように)。

ところで、遺跡巡りの中盤で立ち寄った「ラームカムヘン国立博物館」だが、ここは他の屋外の遺跡と違い、多くの見学者で賑わっていた。

というのも、ちょうどオレが博物館に入館しようとする時に、同じタイミングで課外学習のタイ女子高生軍団

が一斉に押し掛けて来たのだ。

なにしろオレと女子高生といえば、互いが磁石のS極とN極のように本能的に引き合ってしまう関係だというのは**あまりにも有名**である。なのでオレはその有名な本能に従って、吸い込まれるがまま女子高生集団の中に一人混じると、必要以上に押し合いへし合いながら一緒に博物館に入館したところ、おそらく係員からはオレも女子高生に見えたのだろう、入場料がタダになった。

そんなわけで、オレは７００年前のスコータイ王朝の遺跡から発掘された貴重な出土品の数々をじっくりと観察している女子高生をじっくりと観察し続けたのだが、どうもおかしなことに、なんだか女子高生は女子高生で、彼女たちの方もオレにチラチラと視線を向けているような気がするのだ。遠くでは、**明らかにオレを見ながらヒソヒソ話をしている**制服グループもいる。

な、なんだ？　ひょっとして、またオレの短パンの裾から**いつものもの（珍棒）がっ!?**

……いや、そんなことはない。今日はちゃんとブリーフをはいているから、チンチラはしてないぞ。

これは……もしかして……、この世に生を受けておよそ30年、遂にオレにもモテ期がやって来たのだろうか？　そうかもしれない。だって、初対面の女子高生たちにこんなにも注目されるなんて、普通じゃないもんこんな状況。

いやたしかに、オレと女子高生はS極とN極だからこうなることは当たり前なのだけど、そうは言っても**本当にこうなるとどうしていいかわからない。**

オレは戸惑いながらもとりあえず見学を続け、別の展示館に移るためいったん博物館の中庭に出た。

すると……、

「キャーキャー！」

「キャーキャーキャー!!」

…………。

今まで館内のため静かにしていた女子高生が、外に出た途端に**声を上げながらオレの周りに集まって来るではないか。**　※これらの一連の話はすべて実話です。

なんだ。どうしたんだ。「女子高生が黄色い声をあげてオレに群がって来る」という**空想上の出来事**が、今こうして現実となってこの世に生じている。これはなんのご神託だろうか。**もしかして明日あたり宇宙が大爆発するという前触れじゃないだろうか。**なにしろオレが多数の女子高生からモテモテになるなんて、**ビッグバンが起こるよりも確率の低い宇宙規模の奇跡**ではないか。

今という時を存分に記憶に残そうと、見たもの聞いたものすべてを脳のハードディスクに深く焼き込んでいると、一人の女の子が、照れながら実にかわいらしく「コンニチワ」と声をかけて来た。

「コンニチワ」だ。なぜかこの子たちは日本語のあいさつと、オレが日本人であるということまで知っているのである。

「あ、どうも。こんにちは」

「キャーキャーキャーキャー‼」

「…………」

なにこれ（涙）。

オレはたしかに女子高生は大好きだが、**好きだからといって実際に女子高生と相対した時に楽しく喋れるかといったら決してそうではない。**画像や動画にはいくらでも話しかけられるし緊張もしないが、いざ本物を前にしたら心臓が縮みあがって挙動は10歳児に退行である。**それがひきこもりというものだ。**どど、どうしよう。

ただし動揺していたのはオレだけではなく、女子高生の方もオレと同じくおどおどしていたのだが、しばらくするとその中の一人が、覚悟を決めたかのようにかわいらしい手を差し出して来た。

「あの、あの、アクシュしてください……」

「は、はい。よろこんで。パフッ（握手）」

「キャーキャーキャーキャー（惚）!!」

…………。

きゃー！　きゃーきゃーきゃー!!　こっちもきゃ――――（涙）!!!

なんだい。**いったいなに事が起こっているんだい。**

オレはもちろん、これをご家庭や通勤中の電車の中で読んでいる読者の方々も呆気《あっけ》に取られていることであろう。だって、物理的にあり得ないことが起こっているのだから。**こんなことが事実だとしたら、アインシュタインの相対性理論が根本からひっくり返ることになるのだから。**

これはいよいよ天変地異の前触れではないだろうか？　おそらく中国あたりでは、今ごろ各地で**麒麟《きりん》の目撃情報が相次いでいる**に違いない。

「キャーキャー！　私も握手してください‼」

「キャーキャーキャー‼　私も‼」

「はいはい押さないで。順番に並んで。大丈夫、オレは逃げないから。君たちがいる限りさくら剛はずっとここにいるから」

「キャーキャーキャーキャー‼」

一人が口火を切ると、それにならって周りのタイコギャル（太鼓ギャルではなく、タイのコギャル）たちも次から次へとオレに握手を求めてくる。

最初こそうろたえていたオレであるが、やはりモテる男というのは根性がすわっているもので、次第に落ち着きを取り戻すと舐《な》めるような手さばきで、次々にイヤらしく子ネコちゃんたちとの握手をこなしていった。

よーしよーし、それじゃあ、**明日あたりスコータイに住民票を移す手続きをするとしようか。**当然だろう。この町ではこんなにもオレが求められているのだから。

自分を求めてくれる人がいるのなら、オレがおててをにぎにぎと握ることで少しでも多くの女子高生が喜んでくれるのなら、たとえこの体がボロボロになろうと悔いはないよ。**女子高生と握手をしながら死ねるのなら、プロとして本望だっっ!!!**

いやーー、しかしやっぱり、女子高生がオレに群がって来るだなんて、夢じゃないかしら。だって、今までの人生でオレに群がって来たものなんて、せいぜいやぶ蚊ぐらいだぞ？　それがいきなりやぶ蚊から女子高生に昇格するなんて、普通に考えてあり得ない。

待てよ………、ひょっとして、オレはあまりに妄想力が強すぎるために遂に脳が異常に動き出し、**やぶ蚊が女子高生に見えているだけなのではないだろうか。**いやむしろ、オレは今、**まだタマンヌガラのジャングルで道に迷っている最中なのではないだろうか。もはやバイタルサインが低下し意識も朦朧《もうろう》としてきて、自分に群がるＹＢＫを女子高生だと思い込んでいるだけなのではないだろうか。**

それじゃあ、死体博物館へ行ったのもムエタイの体験入門をしたのも、あれはすべて夢……？

そうなんだろうか。夢なんだろうか。それじゃあ、試しにアスファルトに思いっきり頭を打ち付けてみましょう。**うおりゃあ〰〰っ!!!　ボッコーーーン!!!**　うう……痛い……、どうやら夢じゃないようだ。額が割れて真っ赤な鮮血も大量に流れ落ちているし……。

「キャーキャーキャー!!」

「ウェイトアモーメント！　待ちたまえハニーたち。聞くまでもないけれど、わかってはいるけれど、一応確認したいんだ。なぜ君たちはオレと握手がしたいんだい？」

「ショー！　ショーでしょ！」

「ショー？　ショーでしゅ。たしかにショーでしゅ」

「キャーキャーキャー!!」

「待て待てっ！　ショーってなに？」

「アラシ！　あなたは、アラシのショーでしょ!?」

「アラシのショー？　この麻呂が？」

「アラシ！　アラシのショー！　**キャーキャー!!**」

「アラシって、もしかして、日本のアイドルの……」

「そう！　ジャニーズ！　ジャニーズのアラシ!!　キャー！」

「…………」

「キャーキャー！　ショー!!」

「ユーアーマイソー！　ソー！　いつーもすぐそばに～ある♪　ゆず～れ～な～いよ誰もじゃまでき～ない♪♪」　※リズムに乗って踊りながら

「今日は会いに来てくれてありがとう。**よくわかったね。僕がアラシのショーだよ」**

「キャーキャー!!　ショー!!　キャ～～～!!」

「キャーキャーキャー!!」

「さあ、順番だよ順番。いいかい、みんなが気持ちよくオレと握手できるように、ちゃんとファン同士譲り合わなきゃダメだよ。握手は一人5分までだよ」

「キャーキャー！　ショー!!」

あ～～～っはっはっはっ（高笑）!!

いやー―、まいったな。今までずっと正体を隠して旅行記を書いていたのに、まさかタイの女子高生にオレの素性を暴かれることになってしまうとはね。

読者のみんな……、黙っていてごめん。**オレ、アラシのショーなんだ。**さくら剛なんていうのはただのペンネーム、仮の姿なんだ。本当はみんなに隠し事はしたくなかったけど、でも、この旅行記って**内容が内容だからさ。ジャングルで全裸で珍棒を振り回したりしてるからさ。**だからアイドルとしてのイメージを損なわないために、素性を隠すことにしたんだよ。どうだい？　よく考えてみれば名字がそっくりだろう？

…………。

な〜んちゃってね！

そんなわけないでしょ。やっぱりオレ、本物のアラシのショーじゃないんだ。本物じゃなくて、**そっくりさんの方ね。**まあ見た目にはほとんど違いなんてないから、みんなからしたらどっちでも同じだろうけどね（笑）。

しかしまいったなあ、スコータイくんだりまで来てジャニーズ系アイドルに間違えられるなんてね。最近多いんだよなあ。今年に入ってもう２８６回目だよ。

来た。

遂にオレの時代が来た。今まで日本人女性には誰一人として言われたことがないが、外国人から見るとオレという男はアイドル、すなわちジャニーズ事務所から新しいユニットとしてデビューし、バレーボール日本代表を大会サポーターとしてメガホン片手に派手に応援してもなんら不自然ではない姿形ということなのである！　**地球に生まれてヨカッタ————（涙）!!!**

「ねえ、オレたちアラシは、タイでも人気があるのかい？」

「はい！　あと、タッキー＆ツバサも！」

「タッキーもか！　そうか、あいつらもなかなか頑張ってるんだな」

「あと、ツマブキも！」

「ツマブキ？……ああ、聡《さとし》か！　まさか聡もタイで有名だなんてな。教えてやったら喜ぶぞあいつ（笑）」

「私も握手してください！　キャーキャー！」

「YO！　もちろんオーケーだYO！」

「きゃ～きゃ～！　イヤ～ンきゃ～きゃ～!!」

「あれっなんかこの子は、動作は女子高生っぽいけど見た目は全然女子高生っぽくないねってオオ!!　君は!!」

他の女子高生に混じってキャーキャー言いながら、しかし短髪で妙に背が高くてクネクネしているコギャルが出て来たと思ったら、**オカマちゃん**だった。

体つきもゴツく外見は男であるが、１００％カミングアウトしており化粧もバッチリだ。さすがオカマ先進国のタイ。高校生の段階でオカマちゃんが同級生にしっかり受け入れられているとは、なかなか微笑《ほほえ》ましいなあ。

握手攻めが一巡すると、今度はアラシのショーを囲んでの**記念撮影大会**の開催だ。ぴちぴちの女子高生が、オレと一緒に写真を撮ろうと入れ替わり立ち替わり押し寄せてくる。

いやあなんというか実に、**この世をば、わが世とぞ思う望月の、欠けたることもなしと思へば。**

ねえねえみんな、ちょっとひとことだけ言わせて。

オホン。

タイ王国ばんざ〜〜い‼　プミポン国王ばんざ〜〜い‼!

昔から、「立場は人を作る」とよく言われている。

自分にはまだその役割は荷が重すぎると思っていても、悩むより先にその立場になってみれば、いつの間にかそのポジションならではの能力や雰囲気が自然に身についてくるという意味である。

つまり、タイの女子高生によって望むと望まざるとにかかわらずアラシのショーという立場へ押し上げられたオレは、今後さらに輪をかけて男前になり、アイドルとしての風格を備えていくということが確約されたのだ。

というわけで、この後どうしようか、**夜のことも考えて**もっといい宿（ダブルの部屋）にチェックインしておこうか、と真剣に悩み始めたころ、引率の先生の「おーいおまえたち、そろそろ帰る時間だぞ!!」の声で女子高生たちは一斉に我に返り、**目にもとまらぬ速さで囲みを解いて「バイバイ！」と去って行った。**

待って………。

ふっ。わかったよ。そうだな……。やっぱり、オレは女子高生のアイドルなんかじゃないんだ。

そう、オレはみんなのアイドルなんかじゃない。オレは………、キラーーン（目に星）！

君だけのアイドルなのさっ!!!

タイ王国ばんざ〜〜い!!　プミポン国王ばんざ〜〜い!!!

9. メーホーソンのカレン族

タイコギャルに囲まれながらスコータイ遺跡観光を終えたオレことアラシのショーは、追っかけの少女たちをかわして北へ北へと逃げたところ、いつの間にか次の目的地、北方の町・チェンマイへたどり着いていた。

クルッ(回転して)! やあみんな、アラシのショーだよ! **サ・ラ・ン・ヘ・ヨ!!!**

ということで、この分不相応なキャラクターを続けていると**非常に疲れるので、**容赦なくやめます。だいたい20年後には「彼女いない歴50周年達成記念パーティー」の開催を予定しているオレが、本当にアラシに似ているわけがないじゃないかよ。オレとアラシが同じなのは性別と国籍だけだっていうんだよオノレッ(呪)。

さて、北の町チェンマイにはなにがあるかというと、ここにはなんと安宿があって、ネコの盛り合わせが見られるのである。

次のページの写真を見てほしい。あれらがチェンマイの宿に住み着いている、ニートのネコ家族さ。

ちょっとねー、どうなんだろうねこれは。働きもしないくせに昼間からこんなに盛り合わせになっているなんて、とんでもないよた者たちじゃないかこいつらは?

まあオレだって、バンコクでは働きもせずに昼間から『エースをねらえ』や『あさりちゃん』を読んでいたりはしたが、でも少なくともオレは盛り合わせにはなっていないからな。

さすがのオレも、無職のニートにもかかわらず平気で盛り合わされるような厚顔無恥じゃないんだよ。そのあたりの常識はわきまえているつもりだよ。

それなのに、このネコたちの盛り合わされ具合はなんだ。まったく、**恥も外聞もなく盛り合わされやがって!!!**

こうなったら、屋台で買ってきたバナナのフライを与えながらデジカメで動画を撮ってやる！　おーよしよしカワイイな〜**もうっネコちゃ〜〜〜んっっ（裏声で）♪**

その日の夜、オレは2階にあるシングルルームで横たわりながらノートパソコンを開き、日中に撮ったネコ動画をウハウハと見ていた。

やっぱり旅の夜って、こうして部屋でパソコンに向かっている時間が一番楽しいよね。これこそが旅の醍醐味《だいごみ》だからね。なにせ海外の安宿の部屋でひきこもってパソコンをやるっていうのは、海外でしかできないことだから。日本では絶対にできないもん海外の安宿でひきこもるっていうのは。

「にゃ〜〜〜。にゃ〜〜〜」

ん?

誰だ⁉　誰かがドアの外でオレを呼んでいる。こんな夜分に訪ねてくるなんて、海外にありがちな怪しい現地人だろうか。追っかけ？　ストーカー⁇　殺し屋？　バカ？

オレはいつものように全裸姿であったので、慌ててビキニパンツをはくと警戒しながらドアを開けた。

すると、一見誰もいないかと思ったのだが、下方向に目を向けるとそこには宿のネコファミリーの首領(ドン)である母親ネコがいた。

な〜〜〜んだ、ネコか。怪しい奴でも殺し屋でもなくてよかった。あっそう。じゃあね。

ガチャッ(ドア閉めた)。

よーしそれじゃあまたパンツを脱いで続きの動画を見よ〜っと。子ネコの動画に萌えてイヤンイヤン言っちゃお～っと。

「にゃ～～～。にゃ～～～」

………………。

「にゃ～～～！　にゃ～～～！」

「ガチャッ（ドア開けた）。**なんじゃいワレっ!!!　なにか用かオイっ!!!**」

「にゃーにゃーーー！」

「なんだってんだ!!　ねえ、あんたは宿の人（ネコ）でしょ？　こんな時間に宿の人がお客の部屋を訪ねるなんて非常識じゃないかっ？」

「ニャーー!!　ニャーニャーーッ!!!」

恐ろしく失礼な態度の親ネコは、日本語とタイ語という言葉の壁にもめげずになにか文句を言いながら、部屋の中を覗いている。

まったくなんて奴だよ。こんな遅くに人の部屋を訪ねておいて、そのうえ理由を聞けばふたこと目にはニャーニャーかよ。この宿はいったいどうなってるんだ？　宿の人間（ネコ）が興味本位で夜遅くに客の部屋を覗きに来るなんて、ホスピタリティがなっていないにも程があるぞっ。まあ、ふたこと目にはニャーニャーといっても、ひとこと目もニャーニャーだけどな……。

チーン（閃《ひらめ》いた）!!

そうか！　わかったぞ。この母ネコは別にアラシ似の日本人旅行者にサインをねだりに来たわけじゃなく、子どもを探しに来たんだ！　オレがここで昼間に撮影した「ニャーニャー鳴く子ネコ動画」を繰り返し再生していたから、親ネコがその声を聞きつけてわざわざ救出にやって来たのだ。おそらく、オレが部屋の中に**子ネコを拉致している**と勘違いしたのだろう。

「おかあさん、そうじゃないんです！　にゃにゃにゃにゃーーにゃーー！」

オレは客に誘拐の濡れ衣を着せている母ネコに、「これは動画なので部屋に子ネコを連れ込んでいるわけではありませんよ」「あなたの子どもはみんな1階のロビーで無事に盛り合わさっていますよ」と、丁寧に説明してあげた。そしてご納得いただいた後でオレも部屋を出て一緒にロビーに行こうとしたら、隣の部屋の窓が開いていたのでそこからふと中を見ると、**全裸でトイレの洋式便器に跨《また》がりながら歯を磨いている見知らぬ日本人男子と目が合った。**

見知らぬ彼は目が点になり、「ガーーン人生で一番恥ずかしいシーンを見知らぬ変態に見られたっ（泣）!!」という**驚天動地の表情**をしており、オレは慌てふためいて思わずネコと一緒に宿から出てコンビニに買い物に行ったのであった。

やっぱり、旅の宿ではみんな全裸になるもんだよな……。そうだよ、オレだけじゃないんだよ、部屋の中でいつも全裸なのは。もしこれを読んでいるあなたが旅行中に部屋で服を着ているとしたら、**あなた完全に少数派だからっっ!!!**

まあそんな感じで、チェンマイでは観光などなにもせずネコどもと鳴きつ鳴かれつ2日を過ごし、翌日にはネコファミリーに手を振られ見送られながら宿をチェックアウトすると、長距離バスで西へと向かったのである。

チェンマイを出て曲がりくねった山道を、窓の開かないエアコンバスで右に左に走りながら8時間。

窓の開かないバスで山道を走ると猛烈な車酔いに襲われるもので、オレも幾度となく備え付けの紙袋を利用し、青白いブルーホワイトマンになって到着したのはミャンマーとの国境近く、メーホーソンの村である。

このメーホーソンでオレは、山岳民族である「カレン族」の村を訪れることにしたのだ。

到着翌日、旅行会社で車を手配してもらい、村へ向かう。メーホーソンという町自体がタイ・ミャンマー国境付近の山の中にあるのだが、さらにそこから麻薬の密売をしながらいくつもの山を越え数時間を走った所に、カレン族の住むナイソイ村があった。

さて、このカレン族の女性たちは、ある非常に特徴的な外見をしていることで有名だ。というのも、彼女たちは「体のある部分が長い」のである。

ある部分とはいったいどこなのかわかるだろうか?…………おいおい、「オチ○チンが長い」って、それはオレのことだろ(笑)!! 今はオレじゃなくて、カレン族の話をしているんだぞ。人の話をちゃんと聞けよなまったく。…………ううん違う、足が長いのもカレン族じゃなくてオレだろ。恋人いない歴が常に長いのもオレ。好きな女の子にフラれたらメソメソして立ち直れない期間が異常に長いのもオレのことな(笑)。**ってほっとけよこの野郎っっ!!!!**

次のページの写真を見ておわかりでしょう。彼女たちは子どものころから少しずつ首に金色の輪を取り付けて、だんだんその数を増やすことによって**首をと——っても長くしている人たち**なのです。

根拠のない噂によると、この部族の方々は「首が長ければ長いほど美しい」という思想を持っているそうである。ということは多分、この村の男性に**ろくろ首の絵**が描かれた掛け軸なんか見せてしまったら、大興奮状態になるのではないだろうか。きっと男性陣は全員ムラムラが抑えられず、**股間が首長族**になることだろう。

……………。**誠に申し訳ございません**（**号泣**）。

日中この村の男性は畑仕事に出かけているらしく、見かけるのはほとんどが女性だ。だいたいみんな土産物屋の店番をしているのだが、おばちゃんからギャルから子どもまで、幅広い世代の女性がみな首に輪っかをつけている。

学校もあって、授業参観も可能とのことだったので中を覗いてみた。

クラスには男の子もいて男女共学なのだが、女の子の方が首が長いし衣装も派手なため、女子の存在感だけが際立っている。

しかしこれだけ首が長かったら、試験中は**隣の答案覗き放題**ではないだろうか。カンニングに気付いた先生が制裁のためチョークを投げてきても心配はいらない。うまくチョークを首で受け止めて、リングの隙間に取り込んでしまえばいいのである。チョークが何本か貯《た》まったら、力をゴゴゴ……と貯めてから一気に四方八方に向けて発射し、容赦なく周りの男子生徒や先生の体を**貫くのだ‼**

学校を卒業してからも、きっと日々の些細《ささい》なシーンでこの首の輪は役に立つことだろう。たとえばよくありそうなものとしては、**ヨーロッパあたりの騎士と決闘する時**などに、相手の剣を首で受けて叩き折るなんてことは朝飯前である。そして得物《えもの》を失って立ちすくんでいる敵の騎士（東ローマ帝国出身の重騎兵・オヴェリア＝レオンハルト）に、首から取り外した真鍮《しんちゅう》のリングを輪投げのようにソレッ！　と投げ、からめとって虜《とりこ》にするのである。そして東ローマ帝国の国王に、捕らえられたカレン族の長老との捕虜交換を申し入れるのである。

しかしそんな物騒な想像をしてしまうのはオレが血の気が多いせいであり、実際はこのナイソイ村は全体的にとても穏やかで、日本人が潜在的に持っている郷愁の心を呼び覚ましてくれるような、とても温かい雰囲気を持っているのだ。

みんな外見こそ特異な姿をしているが、少し言葉を交わしてみると（みんな英語ペラペラ）、店先に座る彼女たちはなんともおしとやかで控え目で親切で、寂しい男はハートを鷲《わし》

摑《づか》みにされてしまうような魅力がある。

3軒先のお店では、店番のおばさんが誰に聞かせるでもなく一人でギターを弾き語っており、あたり一帯を心地よい歌声が包んでいる。

いいなあこの感じ……。なんだか気分が良くなってきたから、オレも歌っちゃおうかな。恥ずかしいけど、幸い近くに誰もいないし。それじゃあ、派遣社員のころ仕事帰りに一人カラオケでよく歌っていた、密かな十八番《おはこ》を出しちゃうか……歌っちゃうか……。

オホン。さ、さ、さっ、**サ〜〜ムデ〜〜イ　マイプリ〜ンスウィルカ〜〜〜ム♪　サ〜ムデ〜イ　ウィルミ〜トア〜ゲ〜イン♪**（映画『白雪姫』より）

「ねえおにいさん、ドコイクの？」※日本語

「イヤ〜〜〜〜〜ッ（涙）!!!　聞かれたっ!!　誰もいないと思ったのにオレの渾身のオペラ調『サムデイマイプリンスウィルカム』を聞かれたあ〜〜っカレン族のお嬢ちゃんに〜〜っっ（号泣）!!!」

「ねえねえ、ドコイクノ？」

「ど、どこってそりゃあ、別に、ただ風に身を任せ歩き続けるだけさ……風の吹かない場所

を探して……」

「ナンデヤネン‼」

「はっ⁉　か、かわいい……」

胸の前で手を組みながら高らかに歌うオレに、ふいに日本語で話しかけてきたのは小さな土産物屋の店番をしている10代のカレンな少女であった。

こんな若い女の子が日本語を使うということにも驚いたが、なによりびっくりしたのは、彼女が長い首の違和感も忘れさせるくらいにとってもキュートな顔立ちをしているということだった。

こんなキュートな少女に大胆にもタイの路上でナンパされちゃうなんて、これにはさすがのオレも動揺を隠せないよ。動揺しちゃったよ珍しく。この鋼鉄のハートを持つオレが動揺するなんて、すごく珍しいことだからね。だって普段オレが動揺するのなんて、せいぜい週刊誌の表紙で**「あの『あいのり』出演者が脱いだ！」**という見出しを見つけた時くらいだからね。……でもさあ、その本を買って袋とじを破って見てみると、**実は全然脱いでないんだよね。**脱いだと言っても**ただ「上着を脱いだ」ってだけ**で、結局大事なところは全部隠れてやがるんだよ。今時下着姿でポーズを取ったくらいでオタクが興奮すると思ってんの？　おちょくってんのマジで？

ううん。僕そんな下品なこと、生まれてから一度も考えたことがないよ。

「ねえオニイサン、ちょっと隣に座ってよ。お話ししましょう」

「え〜っ本当に？　いいの⁉」

「うん、どうせお店ヒマだから」

いやあなた、ちょっと、**大胆すぎるでしょ〜〜〜**。

どういうこと？　いくらナンパとはいえ、いきなり初対面の異性を隣に座らせるなんてことがあっていいの？　普通は男と女が知り合うといえば、まず月夜に和歌を送りあってお互いのフィーリングを確かめ、それから侍女を通して手紙のやり取り、次にすだれ越しに話をして声を聞き、**半年ほどの工程を経て最後にやっと直接ご対面する**というのが常識じゃないか。それがいきなり初日から「隣に座ってお話ししましょう」だなんて、**あんたそれAVの見過ぎでしょう!!!　進みすぎだって‼　タイの辺境にまでこういう間違った性知識を持った女の子が増えているなんて、すごく由々しきことじゃないのちょっと(涙)!!!**

だ、ダメだ。座っちゃダメだ。

そりゃあオレだって、彼女がオレのことを好きなように、今ではもうオレも君のことが好きだよ？　でも、オレはこの旅を終えたら日本に帰らなきゃいけないんだよ。杉並区方南町に帰らなきゃいけないんだよ。方南町とナイソイ村の距離は、愛だけで埋められるものじゃないんだよ。気持ちは嬉しいけど、でも、オレには受け止められないよ……。

「ネー！　早く座ってよ。シッダウン！」

「うんわかった♪　失礼しまーす❤　うふふ～うふふ～ねえおじょうちゃんかわいいよね～お名前はなんていうの？」

「私はマイジョ。あなたは？」

「僕は『結婚したくない作家ランキング』ベスト10常連のさくら剛でーす」

「そう、よろしくね！　ツヨシ！」

「うん、よろしくマイジョちゃん！」

ああかわいいなあマイジョちゃん……。

彼女はまだ19歳ということだが、この村を訪れる日本人観光客と話をしているうちに、自然と日本語を覚えてしまったのだという。たまに他の国でもそういう天才少年少女を見かけるが、彼女も並外れた言語能力を持つ天才のようだ。ていうか「日本人観光客と話をしているうちに」って、**オレ以外の男と喋るのは許さんぞマイジョっ!!!　今度から携帯も全部チェックするからなっ!!!**

「ねえ～？　ツヨシはなんの仕事をしているの？」

「仕事？　オレは、**文学に携わっているのさ。**太宰とか、三島とか知ってる？　あれと同じ仕事。紫式部も同業者ね。むしろ芸術家とも言えるかもしれない」

「すごいね～～インテリね～～」

「そんなことなくないよー。でもマイジョちゃんだってすごいじゃん！　日本人と話しているだけで日本語を覚えちゃうなんて、なんというか、天才だと思うんだ。そ、それに、それだけじゃなくて、マイジョちゃんは、か、かわいいよね……。ポッ」

「ナンデヤネン!!　ギャ～～ハッハッハ（爆）!!」

「ちょっと待てっ!!!　人が真面目に褒めているのにその豪快な笑い方はなんだよ!!!　失敬じゃないかね君っ!!!」

「ギャハッギャハハハ～～～ッ（爆）!!」

「あの～そういう女らしくないバカ笑いは印象が悪くなるからやめた方が……」

どうやら、マイジョちゃんの欠点を見つけてしまったようだ。それはこのおしとやかでない笑い方と、さらには**口癖が「ナンデヤネン」**というところだ。

「マイジョちゃん、女の子なんだからさ、『ナンデヤネン』という言葉は使わない方がいいよ。せっかく、か、かわいいんだから、もったいないよ……」

「ギャ〜〜ハッハッハ（爆）!!」

「そのバカ笑いもやめて!!　人が勇気を出して褒めているのにそういう態度は良くないよっ!!!」

「あらそ〜」

「見た目は本当にかわいいんだからさ。話す時も、そのままかわいらしくしてた方が……」

「ナンデヤネン!!　でも、ツヨシもハンサムじゃない。ハンサムよあなた」

「ええっ！」

ドキーン♥

お、女の子にハ、ハンサムなんて言われちゃった……。

これってさあ、もうほとんど**アベック成立**してない？　だって、女性が男性に「あなたはハンサムですね」って言うってことは、それはもう「私を好きにしていいです」っていう意味だぜ？　日本でも世界でも、共通して総じておしなべてそうだぜ？

なんか、これは運命っていう気がする。そうだよ。きっとこの子は、オレがこの村にやって来ることを何年もずっと首を長くして待っていたんだよ。

かわいいだけじゃなく、若い上に才女。お店も1軒持っている。そしてなにより、オレのことが好き。これ以上他に望むことがあるかい？　いいやないね。**イッツインナフ**。よし…………。オレは決めたぞ。今日を境に、マイジョちゃんと、**言い交わした仲**になろうじゃないか。これからも末永く、そういう関係でよろしくねマイジョちゃん。**うへっ、うへへへ～～～っうひゃひょっ(ヨダレ)!!**

「どうしたのツヨシ？　病気？」

「ううん病気じゃないよ。どスケベな妄想をしていただけだよ」

「ふーん。ねーねー、よかったら今からうちに来る？」

「なーにーをーマジでかーーーっ!!!」

ちょちょ～っとあんた!!　マイジョちゃん!!　大胆にも程があるって!!!　今日会ったばかりでいきなり家に誘っちゃうの!?　それまずいって！　いったんカメラ止めて!!　VTR止めていったん!!!　どこまで進んでるんだよカレン族の女性はっ!!!　さすがにそれは無理!!　それは従うわけにはいかないって!!　いくらなんでもこんなに早く女子の家に上がるわけにはいかないって!!　しかも未成年だよ!?　ダメだって絶対!!!

「ネエ、来る？　来ない？　もうお店は閉めるからさ。どうする？」

「行く～行く～もちろん行く～❤　早く行きたいからお店閉めるの手伝うね」

「ナンデヤネン‼」

ざっと陳列されていた商品を片付けて、マイジョちゃんにかぶり付いたまま店の裏へ向かうと、木の骨組みと竹を編んだ壁でできた家があり、その家の前にはマイジョ母上がいた。

よしここは親御さんへのあいさつをきちんと済ませておいた方がいいだろう。これから長い付き合いになるんだし。しかしお母さん、さすがに首長過ぎないですかねっっ!!!（下写真参照）

「はじめましてお母さん。私はマイジョちゃんの**思われ人であります**、さくら剛と申します。こんなにも急な展開でお宅を訪ねることになりましたことを、どうかお許しください」

「あら、いらっしゃい。いいのいいの、この子は毎日旅行者と仲良くなっては家に呼んでるんだから。今お茶をいれるからね」

「えっ！　ズガ―――――ン（激しいショック）」

「ギャ〜〜ハッハッハ（爆）‼」

そ、そんな………。

どうやら、オレにだけ優しくしてくれていると思ったマイジョちゃんは、実は、みんなに一様に優しい女性だったようである。

オレ、このパターン多いんだよね……。オレさあ、女の子に優しくされると、すぐその子のことが好きになっちゃうんだよね……。でもしばらくすると、実は彼女はオレだけじゃなくて誰にでも優しい子なんだっていうことに気付くんだけど、**その時にはもう後戻りできないところまで気持ちが高ぶっちゃってるんだよね（涙）**。それで結局辛くなって、いつも仕事を辞めることになるの（号泣）。

「どうぞ、入って。カムイン！」

「お邪魔しますー（号泣）」

家に入るとお母さんはお茶をいれてくれ、噛みたばこもご馳走してくれ、とてもあたたかくもてなしてくださった。

なんだか、彼女たちは体のつくりは特徴的だけれど、人間的で優しくていい人たちで、ここには観光に来たはずなのに観光に来たんだっていうことも忘れてしまうんだ。

部屋の隅には、志村けんが仲本工事を殴る時に使う一斗缶が置かれていて、その上に化粧道具と鏡がセットされている。これが彼女の化粧台のようだ。

他にもテレビやＶＣＤなどが備えられており、少数民族というイメージからすると意外に文明化しているようにも感じる。ただ、電気は来ていないため、動力はガソリンで動く発電機である。わざわざ燃料を買って来ないと電気がつかないなんて、大変だろうな。いっそのこと、人間発電所ブルーノ・サンマルチノにこの村に住んでもらったら、いつでも発電し放題なのに。

「お茶ありがとう。おいしいね」

「そうでしょう。うちのママがいれるお茶はメーホーソン県で一番なんだからね」

「素敵なファミリーだよね。お母さんのお茶はおいしいし、そ、それに、マイジョちゃんは、かわいいし……。ポッ」

「ギャ〜〜ハッハッハッ（爆）!!」

「笑うなっていうのっ!!!　こういうおのろけ話は真剣に聞くもんなんだよっ!!」

「アイムソーリー」

「いつだってそうなんだ……。オレが真面目に告白をしても、いつも女の子は笑ってごまかそうとするんだ。オレは心臓が止まるくらいの覚悟で気持ちを伝えているのに、いつも爆笑しながら**『ちょっと冗談やめてよ（笑）！』とか茶化されて終わり**なんだ。それで結局辛くなって、いつも仕事を辞めることになるの（号泣）」

「かわいそうね……」

「それはそうとさあ、どうしてこの村の女性って首を長くしているの?」

「それは、トラディション(伝統)だからよ。日本にだってあるでしょう? トラディション」

「うん、ある。参勤交代とかね」

「でも、首にリングをつけるのは女性だけなの。男だと喉仏があるからうまく着けられないのね」

「でもそんなの巻いてて大変じゃない? すごく暑いでしょう?」

「5歳の時から着けているから、もう慣れたよ。私たちは5歳になったらまず5本のリングをつけて、それから後は自分で好きな時に増やすのよ」

「マイジョちゃんもまだ増やすのかい?」

「私はもう十分長いからいいわ。3年前にひとつ増やしたんだけど、それで最後にしたの」

「そうだよね。オレもそう思う。だって、マイジョちゃんは今のままで、い、今のマイジョちゃんが、いちばんかわいいと思うからさ……。ポッ」

「ギャ〜〜ハッハッハッハッ(爆)!!」

「だから大事なとこで笑うなって言ってるでしょうがっっ!!!　人がこ

んなに勇気を振り絞っている時に!! 泣きそうな程に一生懸命な時に!!! バカにしてるなっ!? もうオレは怒ったぞ!! 本当に怒ったぞ!! 夜道は気をつけて歩けよなっ!! 月夜ばかりではないぞっ!!!」

「ギャハハハハッ!! ギャハッハッハッハッ(爆)!!」

「ちくしょう! いいよどうせオレなんてっ(涙)!! もうマイジョちゃんなんて知らないっ!!」

「キャハッ! キャハハハッ!!」

「マイジョのばか――――(号泣)!!!」 ダダダダダダダダダダッ

…………………。

せっかく家に招いてもらったのではあるが、結局オレは19歳の少女の「男心はぐらかし」という憎い戦術に打ちのめされ、泣きながら村を飛び出すと涙のしずくを後方に飛ばしながら、そのまま山道を3時間ほど駆け抜けてメーホーソンの町まで帰ったのであった(だいぶ脚色あり)(でもそれはいつものこと)。

それにしても、短い時間であったが胸に残ることの多い、カレン族の村への訪問であった。

またいつか会えるだろうかマイジョちゃんに？

いや、振り返るのはよそう。

たしかにたった1日の逢瀬《おうせ》とはいえ、別れは辛いものである。でも、大丈夫。だって、**マイジョちゃんの方は全然辛くなさそうだったから。**

そこを訪れた者は誰しも故郷を思い出す。それが、タイの辺境にあるカレン族の村であった。

10. アンコールワットへ

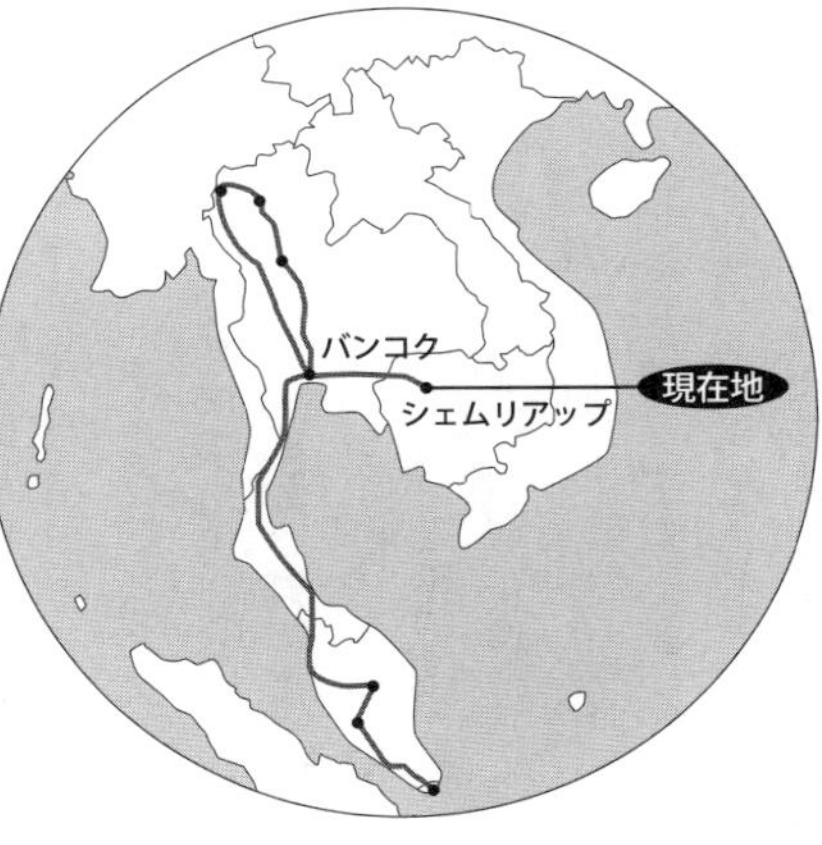

カレン族のプリティーンエイジャー（プリティーなティーンエイジャー）であり、オレにだけ優しいと思っていたら実はみんなに優しかった極悪なマイジョちゃんに男心を弄《もてあそ》ばれ、深く傷ついたオレはメーホーソンの村に戻るやいなや、バンコク行きの長距離バスへ飛び乗った。

一度、バンコクへ帰るのだ。

今のオレに必要なのは、癒《いや》しである。このような恋破れた悲嘆の時にこそ、心の拠《よ》り所となるのはバンコクのゴーゴーバーなのだ。そう、**ゴーゴーバーこそが男にとって最高の癒《いや》らしなのである!!**（バックパッカーが世のため人のために「ゴーゴー！」というかけ声をかけながら子どもたちに折り紙を教えたり、発展途上国にワクチンを届けたりする活動を「ゴーゴーバー」と呼ぶのです）

バンコク行きバスは、またもや窓の開かないエアコンバスである。

それにしても、海外のエアコンバスは総じてエアコンを効かせすぎだ。

例に漏れずこのバスも車内の温度は、派遣社員時代にパソコンの壁紙を「美人すぎる市議」の**まわし姿の写真**にしていたオレを会議室に呼び出した女性上司の目のように**寒気がするほど冷たく、**その寒さの中、換気がされないまま傾斜のきつい山道を、20秒に1回急カーブを曲がってグイングインと走る。山道を右に左にグイングインと曲がりながら窓の開かないバスが走る。

なあ、そこのあんた。窓の開かないバスなんてもんが、20秒に1回急カーブを曲がってグイングインと走ったら、どうなるかわかるか？　ええ？　**山道をバスが20秒に1回急カーブを曲がってグイングインと走ったらどうなるかって聞いてるんだよ!!!**

ちぇっ、わからないのか。仕方ないなあ。じゃあ教えてやるよ。

いいかよく見ろ、**こうなるんだよ。**

うう、うっぷ（涙）、

ゲロゲロゲロゲロゲロゲロゲロ下呂〜〜〜〜〜〜〜ッッ（嘔吐《おうと》号泣）!!!


きぎっ、**ぎもぢわるいよお〜〜っ（泣）!!!**

オレをはじめとした人々の喉を「オロレロオロレロオロレロロロロ〜〜〜ッ!!」と豪放にかき鳴らしながら躍り出る、色とりどりの吐しゃ物たち。

各座席には「おゲロ袋」が備え付けられているが、袋の中に吐いたってなにしろバスは窓も開かず完全なる密室だ。飛び散る残虐な匂いは全乗客を刺激、本来は善良な市井《しせい》の人であったタイ王国民およびさくら剛が、次々と**凶悪なゲロリストへと**変貌を遂げてしまうのである。

なんといっても恐ろしいのは、「もらいゲロ」という悲劇の連鎖だ。

もらいゲロといっても、「もらいネコ」や「もらい酒」みたいな感覚で**お歳暮でゲロをもらう**という意味ではない。よっぽど気心が知れた仲なら別だが、一般的にはそんな液漏れしそうな物をお歳暮で送るのは非常識だ。そういう意味じゃなく、もらいゲロというのは「他人に影響されて自分も吐いてしまう」ということだ。

最初こそ勢いある噴射で車内のあちこちに生まれる虹にときめいてもいたが、徐々にバスはゲロリストたちが**自爆ゲロ**で生み出したおゲロにより浸水し、時が経つにつれどんどん水位は上がって来た。

ドリフのコントで、食事をしていたら雨漏りで部屋が水浸しになり、**最後には水槽のようになってプカンプカン浮きながら食事を続ける**という話があったが、まさに現在バスの中はその状態である。

乗客はほとんど無重力状態でおゲロの海の中にプカプカと浮かびながら、それでも懲《こ》りずに吐き続ける。そして深夜にサービスエリアでドアが開いた時には、乗員乗客とおゲロが一斉にザザ——ッと流れ出て辺りを洪水に巻き込むのであった。

下の写真は、途中の休憩所で食べた魚の丸焼き。食べてすぐ吐きました（キャッチアンドリバース）。

バンコクに到着したのは、メーホーソンを出てから山道を右に左にグイングイン走ること17時間、翌朝のことである。

体の中から**幕内力士1人分くらいの体積のもの**は十分吐き出したおかげで、だいぶ腹まわりがスッキリしたような気がする。マレーシアを出てから1カ月、**ようやく僕のお腹も新月を迎えたようです。**これで狼男さんも人間に戻ることができるでしょう。ネコマタやケルベロスなどの悪魔も静かになるでしょう。**住み着いていたかぐや姫もいよいよ本当の月に帰って行くことでしょう。**元気でね、かぐや（号泣）。

バンコクに舞い戻って来たのは、癒《いや》しおよび癒《いや》らしのためでもあるが、真の目的はここを経由して次の国へ向かうためである。スコータイ遺跡を見てカレン族の村も訪ねてタイでの予定をこなしきったからには、だらだらせずに素早く出国すべきなのだ。

長期旅行で大事なのは、だらだらしないこと。思い立ったらすぐに出国すること。ここ数日、出国の決意を忘れないようにオレは、起床時には必ずこの決めポーズを叫ぶようにしている。さあみなさんもご一緒に！　**いーち！　にー！　さーん！　しゅっこくしゅっこく‼　しゅっこくしゅっこく‼　しゅっこくしゅっこく‼**（ココリコ遠藤さん扮するダイナマイト四国の「しっこくしっこくしっこく！」のポーズで）

とはいえ、まあ1日2日くらいはゆっくりしてもいいだろう。

ここまでは真摯《しんし》に予定をこなして来たのだから、少しは自分にご褒美をあげるべきである。水族館のアザラシやペンギンだって、子どもたちの前で芸をしたらその都度《つど》エサを与えられるじゃないか。オレだって夜行バス17時間の苦行で散々ゲロゲロゲーッ‼　と**ゲーをした**んだから、ちゃんとエサをやっておかないとね。次から反抗的になってゲーをしなくなると困るからさ。オレのゲーを楽しみに待っている子どもたちのためにもさ。

ということでオレは自分自身に与えるエサとして、カオサントラベラーズロッジに戻るやいなや日夜マンガ図書館に通いつめ、レンタルして来た『動物のお医者さん』を読みふけりながら、1日2日とケチなことを言わず10日ほどベッドでゴロゴロとしていたのである。

ある日、マンガ図書館で『ベルサイユのばら』を一気に読み切った後、感化されて目にいくつも星を浮かべキラキラさせながら男むさい部屋に帰ると、隣のベッドの「南海の黒豹さん」が40度の熱を出して泡を噴いていた。

「南海の黒豹さん」というのは、ルームメイトの日本人旅行者のあだ名であるが、その容姿がK-1ファイター〝南海の黒豹〟レイ・セフォーに似ているためにこのように呼ばれているのだ。

日が変わっても黒豹さんの熱は下がらず、次第に〝南海の黒豹〟から〝南海の女豹〟へ、しまいには**〝南海の迎えが来た老豹〟**へと変化して行くのがハタから見ていてありありとわかったため、オレともう一人の日本人ルームメイト、ロビ太くんで一緒に病院に連れて行くことにした。

まあ病院などに頼らずともこのバンコクには**死体博物館という受け皿**があるので心配ご無用なのだが、そうは言っても動物愛好家のオレとしては、困っている豹を放置するのは忍びない。

ちなみにロビ太くんは、「のび太くん」と「ロボット」の両方に似ているためそのようなあだ名がついている。他にもこの部屋には「インディ・ジョー」を自称する考古学者の壌《じょう》さんや、謎の楽器「ひょうたん笛」を操り演奏旅行をしているひょうたんたけしさん、大道芸人の橋本さんに料理人の小松くんにアラシのショーなど、多種多様の面子《メンツ》が揃っている。

これだけ入り組んだメンバーが同じ宿の同じ部屋に集まっているというのは実に不思議なことであり、さらにこれだけ入り組んだメンバーが同じ宿の同じ部屋で**全員一丸となって昼間からごろ寝しながらマンガを読んでいる**というのは、まさにこのバンコクという街が謎の魔力を持っているからだというよりは**ただ我々がダメ人間なだけである。**

さて、旅行保険の冊子を見て大きめの病院に目星をつけると、早速タクシーで老豹を連行した。

到着したのは日本の大学病院のような巨大ホスピタルであったが、中に入ってまず驚いたのは、受付の時点で担当が若い日本人の女性だということだ。ここは外国なのに、病院の受付が日本人の若い女性なのだ。若い日本人の女性なのだ。**女性の若い日本人なのだ（しつこい）**。

ところがもっと驚いたのは、老豹さんが入ることになった病室である。

ちなみに彼は「デング熱」という、蚊を媒体にした感染症にかかっていたことがわかり、しばらく入院することになった。でオレも病室までナースのヒップからウエストラインを追いかけていやらしくついて行ったのだが、日本人（ＶＩＰ）が入院するその部屋は、オレが旅の中で滞在したどの宿の部屋よりも豪華であったのだ。

エアコンにテレビは当たり前、巨大な冷蔵庫に、ふかふかのソファまである。さらに、窓の外にはこの部屋専用のバルコニーが付いていて、穏やかな風を浴びながらバンコク市内を一望することができるのだ。ほら、見える？　**西の方にゴミ溜めのようにどす黒く見える小さなシミが、バックパッカーの集まるカオサンストリートよ。汚《けが》らわしいでしょう？**

それだけではない。病室の中になぜかもうひとつドアを発見したので開けてみると、それはそれは見事な**バスルーム**。キラキラ光るＴＯＴＯの水洗トイレに、彼女と2人向かい合ってでも入れるゆったりとしたバスタブ。

あの、ちょっと黒豹さん……、**あなたどこでデング熱に感染したんですかっ？　どこで蚊に刺されたんですかっ!!　教えてください!!　刺してっ、オレも刺してくれっ!!　オレだって旅行保険に入ってるんだ!!!　ＶＩＰだぞっ!!!　なんならあんた（黒豹）、あんたの体からそのままオレに輸血してくれ!!!　デング熱のウィルスごと血をくれっ!!!　入院させろっ!!!　ナースと一緒にバスタブに浸からせろっっっ!!!**

海外で体調を崩して辛くなって病院に行って、**病院の貧しい設備を見てまた不安が倍増して体調が悪化する**という**「地獄のホスピタル連鎖」**に何度も陥ったことのある立場としては、これはかなり悔し羨《うらや》ましい。

ここには日本人スタッフはいるし最新設備だしアメニティは充実しているし白衣のナースは優しい。優しいナースたちは**おさわり程度なら受け入れてくれそうな雰囲気**すら漂わせている。※個人の感想です

なんてこった。こんなことじゃあ……、**病気が治りそうじゃないか。**

悔しい(涙)。オレがアフリカのスーダンで腹痛で倒れて病院に行った時なんて、腹痛なのに骨折の患者と一緒に診察されて、トイレで検便を採ろうとしたら病院のトイレなのに流れなくて、おまけに**前の患者の出した物**がそのままプカプカと浮いていたんだぞ……。**オレだってバンコクで病気になりたかったよっ!!!**

結局、南海の黒豹さんはカオサンの宿（オレの隣のベッド）と比べてあまりにも居心地が良かったせいか、10日ほどその超豪華ホテル、もといバンコクなんとかホスピタルに入院し、おそらくもう貧民の集まるカオサンに戻るのがイヤだったのだろう、体調が元に戻るといつの間にか、**オレの知らないうちに病院から直接帰国した**のであった。なんのお礼もあいさつもなしに(涙)。

そんなこんなでバンコクではゴロゴロしながら『カードキャプターさくら』を読んだりタイスキを食べたりトムヤムクンを飲み干したりしょうゆラーメンを平らげたり、そんな生活で疲れた体をタイ式マッサージでケアしたりと休む間もなく精力的に動いていたのだが、ある日ふと気付いたら明日でタイのビザが切れるということが判明した。このままだと明日からオレは不法滞在者である。

どうやら、本当にタイを出る時が来たようだな。よっしゃ、そろそろタイを出るタイ！

やっぱり長期旅行で大事なのは、だらだらせずにすぐに出国することだよね。

翌日、出発の日の早朝。オレは長らく同じ屋根の下で過ごした何人ものルームメイト、旅の友の面々に、やや涙ぐみながら別れのあいさつをしようと思ったら**全員まだ寝ていた**ので（用もないのに早く起きる人間などカオサンにはいない）、**「薄情者っ‼」**と捨て台詞《ぜりふ》を吐いてガスコンロの栓をいっぱいに開き、そのままそそくさとチェックアウトし宿を出た。みんな今までありがとう。タバコを吸う時には注意してね。爆発するから。

バンコクから、長距離バスとワゴンを乗り継ぐ。

国境を越え悪路の振動で尻を割りながら、東へ16時間（いちいち長いんだよテメーッ‼）。

その日の深夜に到着したのは、カンボジアの町、シェムリアップだ。

この町は、アンコールワットのお膝元である。

アンコールワットというのはひとつの仏教寺院の史跡のことであるが、これを中心にして広がるアンコール遺跡群が世界遺産に指定され、拠点の町であるここシェムリアップから、たくさんの旅行者が観光に出かけるのだ。

アンコールワットといえば世界の観光地の中でも屈指のビッグネームであるが、ところが、恐ろしいことにこのアンコール遺跡群を観光するにあたり、オレは大きな大きな障害にぶつかってしまった。これだけ有名な世界遺産、大観光地を前にしてあまりにも残念なことで、こんなことになってしまい本当に悔しいのだが……。

実はオレは……、仏教遺跡に**飽きた。**

もし日本から直接カンボジアに来ていたとしたら、アンコールワットを見た感動も喜びも、とても大きなものだったに違いない。だが、トルコから始まりアジア大陸を観光しながら横断して来た身としては、「歴史ある仏教遺跡」なんてものはもう何十カ所と訪れているのだ。

パキスタンのガンダーラ遺跡やらインドのエローラにアジャンタ、ついこの間はバンコクから日帰りでアユタヤ遺跡に行ったし、オレがアラシのショーに変身してしまったスコータイ遺跡もそうだ。なにも今になって飽きたわけではない。**インドあたりですでに飽きて**

いたのだ。

別にそれぞれの遺跡がつまらない場所だと言っているわけではない。ただ、オレがこの1年間で興味深い遺跡を数多く見過ぎたのだ。**花園に日々暮らしていれば、花に飽きるのも無理からぬことよ。**

ということでオレは一応アンコールワットに入場したはいいが、やったことといえば物売りの子どもから笛を買って、寺院の頂上に上って**ピーヒャラリピーヒャラリ〜〜〜!!**　と自分で作曲した雑音をかき鳴らし、他の観光客に迷惑をかけたくらいのものであった。

ちなみにアンコール遺跡群は、アンコールワット寺院の周辺だけでなく、車で行くような郊外にも細々と散らばっている。

まったく面倒くさい野郎め。そんな面倒くさい郊外にありやがるなんて、**訪ねて行く旅行者の苦労を全然考えてないなテメエアンコールッ!!!**

　その郊外を車で周遊するツアーは宿泊している宿から毎日出ているのだが、バカな、遺跡といっても結局はどこも同じようなただの瓦礫《がれき》の山なのに、わざわざ金を払ってそんなものを見に行く奴がいるのか？　オレは絶対行かないぞそんなものバカバカしいっ!!　と思いながら張り出されていた次の日のツアーの参加者リストを見てみると、半分以上が**日本人の女性**の名前であった。

　…………………。

オレも、すぐに同じツアーに申し込んだ。

　いいじゃないか。ツアーへの参加目的なんて、十人十色でいいんだよ。だって、日本人の女性がこんなにも大勢参加するんだよ？　彼女たちは遺跡を見て、**オレは遺跡を見る彼女たちを見る。**　彼女たちは遺跡を撮って、**オレは遺跡を撮る彼女たちを撮る。**　そういう目的でツアーに参加する人間が、今の学歴偏重主義のギスギスした世の中に一人くらいいてもいいじゃないか。

　な〜に、怪しまれりゃしないさ。だって、参加者は全員カメラを持っているんだぞ？　遺跡観光のツアーに参加して、カメラを構えるなんて当たり前のことじゃないか。これほど盗撮行為が不自然に見られない状況はないぞ。まさに〝**木の葉を隠すなら森の中に隠せ**〟の理論である。

そもそも、旅先では女性は解放的になるものだ。たとえオレの盗撮に気付いたとしても、取り押さえようとするのではなくむしろ彼女たちの方から脱ぎ出すことも十分考えられる。そうしたら後は、燃え上がる2人を止められる者は誰もいないのである。

そのツアーで訪れたのは、山の中に打ち捨てられた廃墟であるベンメリアや、バンテアイ・スレイという寺院遺跡である。

アンコール遺跡たちは、他の国の遺跡と比べて全体的に名前が勝っていると思う。「バンテアイ・スレイ」なんて、ニュータイプのガンダムのコックピットが開いて中から「ただいま帰還しました。**僕がパイロットの、バンテアイ・スレイです**」と主人公が登場してもおかしくないくらいの格好いい名前じゃないか。それに対してこのあいだ見たタイのアユタヤ遺跡の寺院なんて、ワット・ヤイ・チャイモンコンだからな。ワット・ヤイ・**ちゃいもんこんだぜ？　ちゃいもんこんだよちゃいもんこん⁇**　それ

じゃあ観光客の数でアンコールワットに勝てるわけないよなあ。自業自得だもんそれ。

で、肝心の日本人女性参加者であるが、オレがデジカメのモニター越しにギラギラと見定めていると、普通の女性に混じって中に一人、実に普通じゃない奇特な女性旅行者がおり、オレは彼女の行動が気になって隠し撮りに集中できなくなってしまったのである。気が散るなぁもう！

彼女はある時、みんなで並んで遺跡を歩いているところでいきなり廃墟に片足がハマって**「キャ——足があ——（涙）！」**と叫び、パニックになって力一杯引き抜いたら、靴が脱げて裸足《はだし》で出てくるという**狙ったようなギャグ**を唐突に披露した。

それを見た近くの旅行者は、**全員必死に笑いをこらえながら、**形式的に「大丈夫？」と声を掛けていた。

これは少しかわいそうだ。実はこういうマヌケな場面では、周りの人間に笑いをこらえて優しくされるほど屈辱的なことはないのである。こういう時は、逆に思いっきり笑ってやった方が本人も救われるのだ。今日の観光客の面々は、そういうデリケートな部分がわかっていないようだなあ。

さすがにそこをよくわかっているオレは、彼女が裸足で右往左往しながら他の旅行者に慰められているところであえて、**見ていないフリをした。**いやあ、この遺跡は森の中に溶け込んでいて実に趣があるなあ。…………………。**オレは、人のためになにかをしたくないんだ。**

実際にここは宮崎アニメの「天空のなんたらかんたら」という映画のモデルになったとも言われていて、瓦礫と森の一体感がなんとも神秘的であるのだが、再び観光が始まってすぐ、例の彼女が今度は**「キャーーデジカメの電池がなくなっちゃったあぁーーー（号泣）!!」**と泣き声を上げた。

さすがに2度目ともなれば彼女に同情の声をかける人間もおらず、全員一致して彼女の叫びを聞かなかったことにし、みな自分のカメラで粛々と遺跡を（オレは遺跡を観光する女性を）撮っていた。

するとその奇特な彼女は今度はバッグから使い捨てカメラを取り出したので、なんだ予備のカメラも持って来てるじゃん、と思ったのもつかの間その予備のカメラも壊れていたようで、「なんでどうしてっ(涙)!!」とキイキイ声を上げ始めた。

しばらく一人で嘆き悲しんでいた彼女だが、オレがこっそり様子を見ていると、おもむろにデジカメから電池を取り出して、両手の平にはさんで転がしながらなにやらブツブツと呪文を唱え始めた。そしてその電池を再びカメラに挿入し、電源を入れるとカメラが動き出し彼女は「やった！　復活した(涙)！」と声を上げた。

なんだって〜〜〜〜っっ!!!!

どういうことだ。この女性は、普通の人間（ホモ・サピエンス）とは少し異なった能力を持つ生物なのだろうか？ 普通の人間というか、**地球人は一般的に念仏で電池の残量を復活させる能力を持っていない。**

これはもう、今後この人には関わり合いにならない方がいいだろう。なにしろ常識では計れない能力を持っているわけだから、**周りの人間からエネルギーを吸い取って電池に注入している**ということだって考えられる。力を吸い取られたくなかったら、この念仏ガールには近づかないに限るのである。

ひと通り観光が終わり宿へ戻る時間になったのだが、念仏ガールの彼女は帰り道に土産物屋で辛抱強く交渉して、色鮮やかなスカーフを買っていた。そういう所は普通の女性っぽく見えなくもないが、もしかしたらこれも周りの地球人を油断させるための**パフォーマンス**

なのかもしれない。実に恐ろしい奴だが、オレは騙されないぞ。

宿に帰ると、参加者はほぼ全員同じドミトリーに泊まっていたので、みんなで一緒に市場で買って来た果物を食べることになった。

とりあえず女性陣がリンゴとマンゴーの皮むきを担当することになったのだが、鋭利なナイフを手にした例の念仏の彼女が、「わ、わたし、こういうの苦手なんだよね……（涙）」と震えながら皮に刃先を力いっぱい押し付けて3秒後、**「ギャアアアアア――――――（涙）!!!」**という悲鳴が轟き、オレたちは**果物ナイフの先端が彼女の親指に垂直に突き刺さる光景**を目撃することとなった。

一瞬時が止まったかのように全員が彼女の親指を見つめる中、その肉は徐々に赤黒く変色し、直後に流れ出た生き血は部屋の床を朱に染めて…………**ってちょっといったんカメラ止めてっ!!!　VTR止めていったん!!!　これ以上市販の本で描写できないからマジでっ!!!**

当然、部屋はてんやわんやの大騒ぎである。

女性陣は絆創膏《ばんそうこう》やら消毒薬やらを自分のバックパックから取り出して泣き喚く彼女の治療をし、男は代わりにリンゴを剥《む》いた。

幸いその人は通常の地球人とは違う特異体質であるため、当初は床を赤く染めた流血もわりと短時間で止まっていた。とはいえ彼女は始まったばかりの果物パーティーからひとり離脱して、ベッドに横になると我々の歓談を背に一人でウンウンと唸《うな》るのであった。

オレは30年近く生きているが、ナイフが人の指に垂直に刺さるシーンを見たのは初めてである。普通調理の途中で指を切るとしても、刃の真ん中あたりの部分で切るだろう？ それが、指にナイフの**先端が垂直に刺さる**というのは、人類の常識を超越した新しいリンゴの剝き方をしていたからに違いない。もしくは、彼女が**常識では計りきれない不幸を呼ぶ体質**だということになるのではないだろうか。

ちなみに彼女の名前は、本人の申告によると「野ぎくちゃん」というそうだ。本名を名乗れないということからして、きっと過去に凶悪事件を起こして逃亡している最中なのであろう。しかし「野ぎくちゃん」という名前自体は「可憐な少女」という響きであり、はっきり言って**リンゴの皮を剝けない女性が名乗っていい名ではない。**

腹ごしらえも終わるとみんなそれぞれ自分のベッドに戻りひと息ついたのだが、ルームメイトがみな疲れて横になった瞬間、**「キャーーー(涙)！ 帰りに買ったスカーフがなくなっちゃったーーー(号泣)!!」**という**聞き覚えのある悲しい声色**が部屋に響いた。

部屋の人間は全員、**一斉に寝たフリをした。**

とりあえずオレは、一刻も早くこの野ぎくちゃんと離れるために、明日にもこの宿をチェックアウトすることにした。

なにしろここはカンボジアだ。ここまで悪運を背負い込む人間だとなれば、明日あたり彼女は観光中にいきなり地雷を踏みしだく可能性だってある。そんな時に一緒に行動していて、巻き添えになったらたまったもんじゃないからな。

ところが今日の一連の出来事は、この後21世紀の東南アジア史に歴史の1ページを刻み込む、「野ぎくの不幸旋風」のほんの序章にすぎなかったのである……。

↑お土産のスカーフを命がけで吟味する野ぎくちゃん

11. ベトナム入国

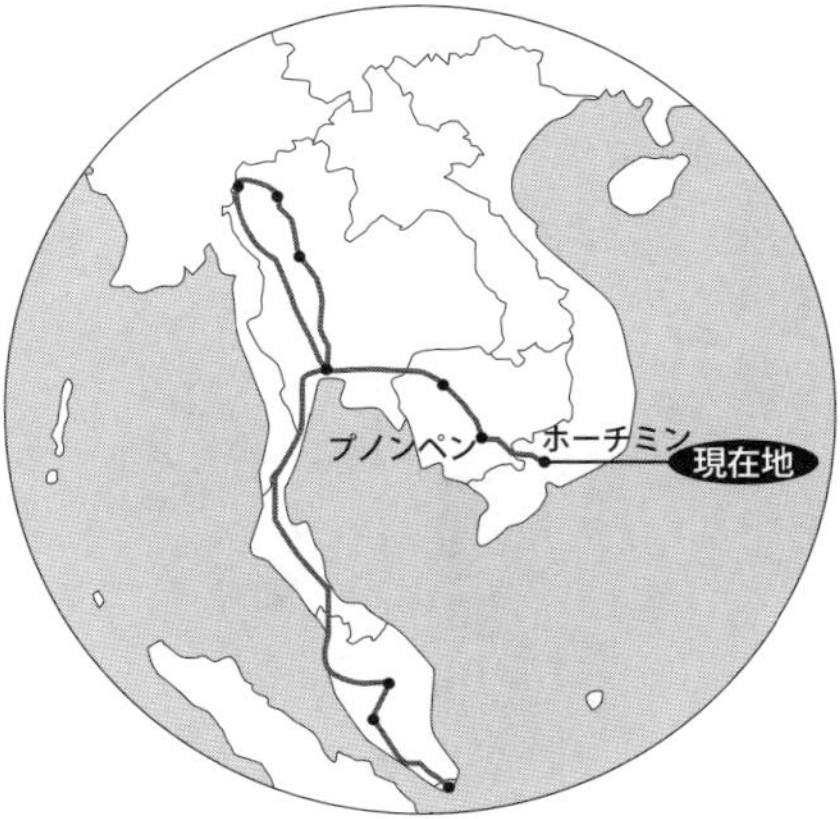

いや〜〜〜〜〜〜〜〜〜〜〜〜〜〜〜〜っっっ(号泣)!!!!!!!!

これはアンコールワットから東へ、カンボジアの首都プノンペンを目指す途中の休憩所で売られていた**昼食**だ。

最初に遠くから見た限りでは昆布の佃煮《つくだに》のようにも見えたので、お腹の空いていたオレは思わず「ひとつおくれよ！」とおばちゃんに注文し、なおかつ足を1本かじってしまったのである（左下の足のところ）。

しかし実際はこのランチ、昆布などではなく**手の平ほどもありそうな巨大蜘蛛**をカラッと揚げた、忌まわしい珍品料理なのであった。

なにを隠そうこのオレたるものは、庭で洗濯物を干している時に**小さな地蜘蛛ちゃん**がコロコロと登場しただけでも、キーキー叫びながら逃げ回るほどの根っからの怖ガールなのである。

そんなオレが、ものの弾みとはいえ巨大蜘蛛の唐揚げをひと口かじってしまったのだ。ひと口かじってしまってから気付いたのだ。「あら、あそこでカンボジア人のおばさまがおいしそうな食品を販売していらっしゃるわ。なにかしら？　**まあ、これは昆布の佃煮ね！**　懐かしいわあ。浅草の実家を思い出しちゃう。ねえねえおばさま1匹くださいな♪　はい、100万ドル。お釣りは取っておいてよ！　それじゃあ早速いただきま〜す。がぶっ。**ムシャリジュリッ。**う〜んそうねえ、なんだか昆布にしてはちょっぴり辛みが足りないわねえ。どうしてかしらねえってこれ蜘蛛っっ（号泣）!!! これ昆布じゃなくて蜘蛛っ（涙）!!!! なんなのっ!!!! なんで蜘蛛なのっっ!!!! どうりでなんか、辛みが全然足らんちゅらっ（泣）!!!!」

というように、ひと口かじってしまってから気付いたのである。本当である。まったく、なんていみじきことなのっ!!

それにしても、いくらなんでも昼食休憩で販売する食事がこれはないんじゃないの。これなら休憩しないで走り続けた方がまだ心身ともに健康でいられるんじゃないの。「蜘蛛を食べることが休憩になる」という発想が根本的に間違っているんじゃないの。

こんなもの、どんなに腹が減っていたって食えるわけないじゃん。だって蜘蛛だぞ蜘蛛!! 足だけならまだしも、見ろよあの胴体のプクッとした感じ。なんかお腹出てないか？ みっともないなまったく。あんなのをかじってしまったら、**ブチュッ！ ビチュリッ！** なんて音がして、**謎の白濁液（蜘蛛液）がにゅるにゅる〜〜〜〜っと**出てきたりしそうじゃないか!! **奇怪じゃんかっ!!**

せめて厚い衣《ころも》でもつけて、形がわからないようにしてくれればいいのに。なに？ 衣の付け方を知らない？ **そんなもの勉強すればいいだろっ!! 衣店長《ころもてんちょう》を呼んで来て教えてもらえよ衣についてっっ!!!**

結局、昼食は抜いた。こんなドデカ蜘蛛なんか食べても、車酔いとの相乗効果で余計に気持ち悪くなるだけだしさ。もしバスの中でゲロゲローッ！　とやって**口からでかい蜘蛛を吐き出す**ようなことがあれば、それはもはや車に酔った人というより**エイリアン**である。そんな猟奇的な存在だと思われてしまったら、オレはきっとドライバーから通報を受けたカンボジア軍にバリバリと撃たれることだろう。

首都のプノンペンへは、6時間後に到着した。

市内観光をしながらプノンペンに4日間滞在したところで、オレは再び長距離バスに乗り込み、国境を越えた。

ページ数の都合でずいぶんあっさりカンボジアを出てしまったが、オレがプノンペンでどんな観光をしたかは、行間に書いておいたから。だからみんなにはしっかりと行間を読み取って欲しい。右の文章の数行の行間を読んで、オレがプノンペンで**国際誘拐犯を相手に大立ち回りを見せた冒険活劇**に、胸をときめ

↑おばちゃん販売中の大量巨大蜘蛛たち

かせてほしい。映画化やドラマCD化のオファーなんかもどんどんしてもらっていいからね。

ということで、首都を舞台に暴れ回って誘拐組織を壊滅させた後で入国したのは、ベトナムである。

このベトナムを越えれば、いよいよ次は最終目的地の中国だ。アフリカからアジアにかけての長かった旅も、残すところはあと2カ国だ。

いやあ、本当にいよいよだな……。なんとか、ようやく先が見えてきたような気がする。

しかし今さらながら、目的地が中国なのにスタート地点をアフリカにしたというのは、**ミスったよな。**日本から直接中国に飛べばたったの4時間なのに、ちょっとした**ケアレスミス**で出発地点を間違えてしまったために、1年以上もしたくもない一人旅をするハメになったのである（詳しい経緯は幻冬舎文庫『アフリカなんて二度と行くか！　ボケ!!……でも、愛してる（涙）。』をご覧ください）。

自分を責めるのもなんだけどさあ、そのミスの罪はいつか必ず償わせるからね。オレはミスをみすみす見過ごすような甘い人間じゃないから。むしろとことん自分に厳しい人間だから。だから、旅が終わったらオレは自分に重い罰を与えるよ。帰国後は、**少なくとも3年間は自宅謹慎してもらうから。**当分のあいだ出勤は許さないよ。場合によってはもっと長く、5年10年と謹慎が延びる可能性もあるからね。**望むところだっ（心から）!!!**

まあそれはいいとして、ベトナムでの最初の滞在地は、ホーチミンシティである。

この街の旧名は、サイゴン。有名な出身俳優は、**サイゴン輝彦**。

ホーチミンシティはベトナムが南北に分かれていた時の南ベトナムの首都であり、現在でもベトナム随一の都市、経済の中心になっている。

特徴的なところは、なんといってもバイクの多さである。街には大きな交差点でもなぜか信号がなく、バイク軍団に自転車軍団、歩行者に乗用車まで、誰も止まらずに四方から交差点に突撃して行くのだ。

しかし地元のベトナム人はそれでいいかもしれないが、部外者は困る。横断歩道も信号もない、延々とバイクと車の列が途切れない交差点を渡るには、非常に高度な技術が要求されるのだ。

では旅行者はどうすればいいかというと、それは地道に体で覚えていくしかないのである。初めて渡る時は、誰でも向こう側に着くまでに3回はバイクに撥《は》ねられる。しかし繰り返しているとそれが2回になり1回になり、そして

何度も交差点を渡りダメージが蓄積して重体に陥るころには、遂に一度も接触をせずに渡り切ることができるようになるのである。

大事なのは、気持ちだ。「このバイク、止まってくれるかなあ？」という中途半端な気持ちでは永久に前に進めない。**「オレが止まらせる」という気迫**で突き進むのだ。むしろ「実はオレの正体はバイクも車も跳ね返せるアイアンマンなんだ」と信じ込んで、躊躇せず相手の前に飛び出そう！　そうすれば、基本的には向こうも人を撥ねてごたごたするのはイヤなので、ギリギリのところでスピードを落とすのである。

たまにスピードを落とさない奴に撥ねられて致命傷を負い「あっオレってアイアンマンじゃ**なかったんだなあ**」と気付かされることもあるが、突撃しなければ永遠に交差点を渡れずに寿命を迎えるだけだし、自分の手で明日を掴みたければ、前に進むしかないのだ。進むんだよ！　**明日に向かって!!**

さてホーチミンでオレは、メコン川とその流域の見所をまわる「メコンデルタ・ツアー」という1泊2日の行事に参加することにした。

ツアーは旅行会社を一人で訪れて申し込んだものなのだが、さて当日、集合場所に行ってみると、白人旅行者に混じってどこかで見たことのある日本人女性の姿を発見した。その女性も友達がいないため単身で参加しているようなのだが、彼女はオレを見つけると、全身を包む寂しいオーラにお互い共通するものを感じたのか、図々しくもあいさつをしてきた。

「おはようございます～(涙)」

「あ、おはようございます。今日はどうぞよろしくお願いします」

…………。

誰だっけこれ……。

見覚えはあるんだよねこの人。この、背後霊が20人から取り憑《つ》いていて周りの空気がどす黒く淀《よど》んでいる感じ。そしていろんな不幸に体が蝕《むしば》まれすぎて、口の端から常に血が垂れている感じ。この感じ、割と最近出会ったような気がするんだよね……。

脳が思い出すことを拒否していたため記憶をたどるのに時間を要したのだが、そうだこの人は、バックパックの中には10%が生活用品、**残りの90%は不運が詰まっている**ということで有名な冥界のバックパッカー、野ぎくちゃん(3年ぶり2回目)であった。

そうだそうだ、野ぎくちゃんだ。久しぶりだね君。

…………。

え～～～～っ。ちょっと待ってよこの人一緒に参加するの～～？　勘弁してよ～。やめてくれないかなそういうの～～。

なんか、一気に不安になってきたぞ。

だってこの人のことだから、ツアー中にまた予想だにしない不幸に襲われたりしそうじゃないか。たとえばこれからツアー用のバスがやって来た時にいきなりそのバスに轢《ひ》かれたり、メコン川をボートで下っている時にたまたま水族館から逃げ出したホオジロザメにかじられたり、そういう想像のつかない不幸に襲われることが彼女なら十分あり得るじゃないか。

やめてよねそういうの‼　別にあなたが食べられるのは勝手だけど、そういう血なまぐさいハプニングはツアーの楽しい雰囲気を壊すんだからさあ‼!

だいたい、旅行会社も旅行会社だよ。同じツアーに野ぎくちゃんが参加するんなら、そのリスクを最初に説明する義務があるだろっ。なんでそんな大事なことを黙ってるの？　こういうところがイヤなんだよね外国の旅行会社って。**代金を半額にしろよ半額に‼　こっちは大きなリスクを背負うことになるんだよっ‼!**

ところで少々話は逸れるが、実はこの野ぎくちゃん、「不幸な女」「念仏ガール」「冥府から来た旅人」など様々な呼び名を持つ一方で、「有名旅行記サイトの管理人」という驚きの一面も持っていた。

インターネット上に「放浪乙女」という世界一周旅行記サイトがあり、オレも旅の途中ネットカフェに行く度に読んでいたほどの人気サイトなのだが、その「放浪乙女」の旅行記を書いている女主人こそが、この野ぎくちゃんだったのである。

たしかに彼女は行く町行く町で常識外れの不幸に見舞われているため、旅行記は必然的におもしろくなり、人気サイトに成長しているのも頷《うなず》けることだ。

たとえばその不幸エピソードをひとつ紹介すると、アフリカのある国を旅している時に彼女は、**道を歩いていたらいきなり通りすがりの黒人に石で頭を殴打され、血だらけになっているうちに貴重品を盗まれまくった**というのだ。

……みんな、考えてもみてくれ。

普通の人間だったら、道を歩いているだけでいきなり頭を石で割られるなんてことがあるかい？

いいや、一般的な地球人であれば、到底そのような襲われ方はしないはずである。仮に黒人さんが最初から強盗を目論んでいたとしても、普通はナイフを突きつけて「金を出せ！」と言えばそれで十分だろう。なにしろ相手は日本人の、それも常にいろんな不幸に体を蝕まれて口から血を垂らしているほどの瀕死の女性なのだ。武器を見せるだけで絶対に、100％強盗は成功する。

それがどうだろう、その時に道を歩く野ぎくちゃんを見た黒人さんは、**そんなことはわ**

かっていてもそれでも彼女の頭を割らずにはいられなかったのである。むしろ、その犯人さんにとっては金は二の次だったのかもしれない。野ぎくちゃんのまとう不幸オーラに惑わされ、犯人は**「金とかどうでもいいからとにかく頭だけは割らせてくれ（願）」**という**謎の衝動**に駆られてしまった可能性があるのだ。

本来ならばただ強盗する予定しかなかった人が、野ぎくちゃんのせいで傷害事件まで犯すことになってしまったという。捕まっていないとはいえ、より罪が重くなっているのだからこれは気の毒なことである。つまり犯人の彼もまた、**野ぎくちゃんと関わったせいで不幸になった一人の被害者**だと言えるのである。

このように、初対面の通りすがりの黒人さんすら不幸ワールドに巻き込んでしまうという恐ろしい「不幸せ配達人」、それが野ぎくちゃんなのである。

…………。

とまあ以上のことは、あくまでもオレが心の中だけでひっそりと考えていることであり、内緒の話だ。怪我をした女性に対して「犯人の方が罪が重くなったからかわいそうだ」なんて、そんな不謹慎なことを言えるわけがないからな。そう思ったとしてもせいぜい本に書くくらいで、決してオレはそれを当人の前で口に出すような無神経な人間じゃないから、読者のみんなは安心してほしい。

それじゃあ自己紹介ならぬ他己紹介《たこしょうかい》はこれくらいにしてツアーの話に戻るが、ホーチミンシティを出発してメコン川をボートで下り、野菜や生活用品が並ぶ水上マーケットの見学をした後で、ランチタイムになった。

昼食はツアー参加者みんなで同じレストランに入り思い思いに注文するのだが、なぜかグループの中で唯一野ぎくちゃんが頼んだものだけが、「ごめんなさい今それは切らしてまーす」と**注文後30分ぐらい経ってから店員から報告され、**彼女は「じゃあもういらないっっ(涙)!!」と涙目で一人ぶちキレていた。

テーブルにみなの料理が運ばれてきた時には彼女の前にだけ一切の皿が並ばず、オレや白人旅行者たちがランチを食べている時に野ぎくちゃんは、ただ一人しかめ面でガイドブックを読むフリをしながらじっと恥辱に耐えているのであった。

ちなみに彼女は節約のため古本屋で一番安いガイドブッ

クを買ったらしく、そのベトナム本は「情報がとことん少ない上に古すぎる」という**誰が見てもまったく使えないガイドブック**であった。実に彼女にふさわしい本である。

なお、なにも食べずにじっと座っていただけなのに、野ぎくちゃんはランチの後に直前に買った**土産のネックレスをなくしたことに気付き大騒ぎする**という失態を演じ、ツアー客のあいだで彼女は一躍**時の人**となっていた。

その後お腹が空いた野ぎくちゃんは、午後のツアーの最中にどこからかケーキや安ポテトチップなどのジャンクフードを買い込んで来ると、観光もそこそこに涎《よだれ》と血を垂らしながらバリバリと食べふけっていた。そしてその日の夕食は海辺のレストランで全員に豪勢な魚料理がふるまわれたのだが、彼女は「お菓子を食べ過ぎてお腹がいっぱいになっちゃった……(涙)」と嘆き、せっかくのメインディッシュにほとんど手をつけられなかったのである。

小学生かよっ‼

カア〜〜〜ッ！　カア〜〜〜ッ！（夕焼け空をカラスが飛んで時間の経過を表します）

翌日もメコン川をボートで上ったり下ったり、川沿いの養蜂場を訪れてハチミツを試食したり、キャンディの製造工場で飴《あめ》をなめたり、養豚場でブタのお尻を観察したりと**たいし**

て印象に残ることのないスケジュールをこなし、ともかく1泊2日の日程はあっという間に過ぎたのである。

夕方過ぎにオレたちは無事ホーチミンの旅行会社に帰って来たのだが、到着してガイドから「それじゃあ解散！」の声がかかった直後、野ぎくちゃんが、

「キャー‼　靴をホテルに忘れて来ちゃった（涙）!!!」

と切迫して叫び出した。

なんでも今朝サンダルに履き替えたため、ずっと旅先で履き続けて来た大事な靴をそのままホテルに置いて来てしまったらしい。またかよ……。

先日のアンコールワットでは買った直後にスカーフをなくし、昨日も買った直後にネックレスをなくし、今日は大事な靴である。ほんの数日のあいだによくぞここまで立て続けに物をなくせるものだと感心する。もしかして、彼女

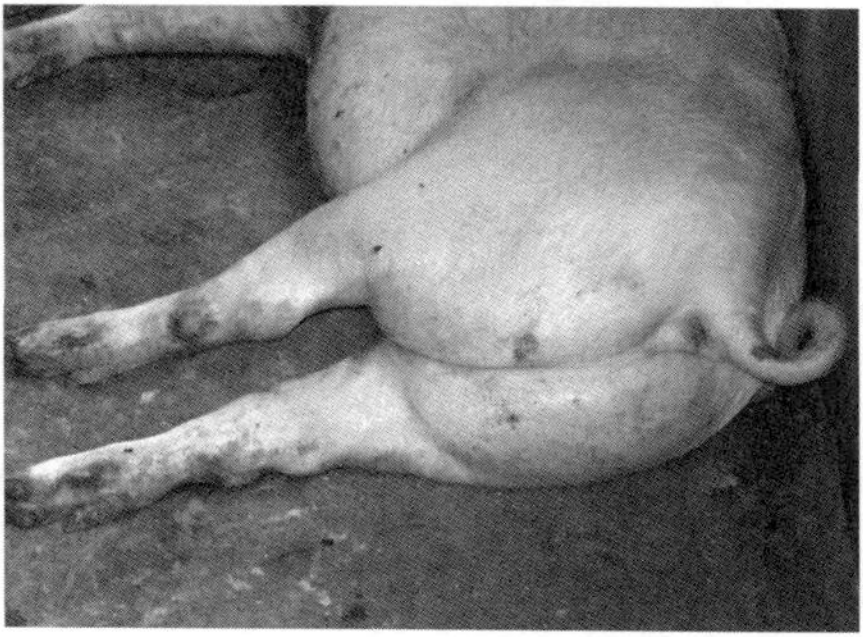

にとりついている不幸の妖精が**「この所持品をなくした人はこんな所持品もなくしています」**と**ウィッシュリスト**でも作って紛失のお勧めをしているのではないだろうか？

その靴は3年も一緒に世界を旅して来た（旅長いなっ‼）、それはそれは大切な物らしく、さすがに彼女もあきらめられずツアーガイドに「なんとかホテルに電話をして確認してくれませんでしょうか（涙）」と必死に頼み込んでいた。

その甲斐あって、ようやくガイドから昨日宿泊していたホテルに連絡がついたところ、靴は朝方ホテルの従業員が見つけたが**あまりにオンボロすぎてゴミだと思われとっくに捨てられていた**らしく、報告を聞いた彼女はショックを受け、昨晩メコン川の河畔で見たホーチミン主席の石像のように青黒く固まってしまった。

うーんこれはとっても、残念なことだな。

なによりも、野ぎくちゃんという**日本人女性が現役で履いていた靴がベトナム人にすらゴミだと判断されるくらいのズタボロさだった**ということが、同じ日本人として非常に恥ずかしくて残念だ。これは国辱ものである。

それでも困っている人を放っておけないオレは一応、唯一の日本人ツアーメイトでもあるし、靴捨てられ報告が上がってから2分間だけ野ぎくちゃんを「別にあんなボロい靴どうなったっていいじゃん……」と優しく慰めていたのだが、3分後に彼女が本気で激しく泣き出したため、オレは用事を思い出してその場から立ち去った。

それにしても、今日も大変だったなあ。

もうあの不幸な女性とは、二度と関わり合いにならないようにしなきゃな。今日をもって、金輪際のお別れにしよう。あの魔族の女性とは。

冷たいようだけど、仕方ないじゃないか。

幸い今回のツアーで彼女の不幸に巻き込まれたのは人ではなく靴で、今はまだ「大事な靴をなくしちゃった（涙）！」と泣いているだけで済んでいる。

だがもしかしたら次のツアーでは不幸パワーが爆発し大事故が起きて、結果野ぎくちゃんが「ああっ、**ツアー仲間の旅行者を全員亡くしちゃった（号泣）!!**」と叫ぶという展開になることも十分考えられるのだ。

仲間を見捨てるのは薄情かもしれない。しかし、旅とは生きて帰ってこその旅なのだ。無事で帰るためには、危険な場所には近づかないというのがルール。なにしろ「野ぎくちゃん周辺」というのは、オレが過去の旅で恐ろしい危険を感じたケニアのナイロビやパレスチナ自治区と肩を並べるほどの**危険区域**なのである。

一人の旅仲間を見捨てたという罪悪感。そんな罪悪感は微塵《みじん》も感じずに、オレは野ぎくちゃんのことはすっかり忘れると、ホーチミンシティの夕陽を眺めながら帰り道においしい豚焼肉定食を食べるのであった。

12. ハノイへの道

旅仲間を見捨て単身ホーチミンシティを出たオレは、およそ10日間かけてベトナムの各都市を観光した後、古代の都であったフエの街から首都のハノイを目指す長距離バスに乗った。

今日は、ひと晩をバスの中で過ごすのである。

お手元の世界地図を見ていただければわかるが、ベトナムというのは国全体が非常に縦に長く、都市間の移動が必ず長距離になる。そして必然的に、その移動時間も距離に比例して長くなるのだ。

みなさんお手元の世界地図を見て、確認してもらえただろうか？　大抵の家には1冊くらい地図帳があるものだから、ぜひパラパラとページをめくってベトナムの形を見てみてほしい。ぜひ見てみてね。……でも、そうは言っても、こんな変態でひきこもりの上に最近は旅先で会った女性旅行者のことまで「魔族」とか「危険区域」とか呼ぶような、**そんな薄情者のお願いなんて聞いてくれる人は誰もいないことでしょう。**

でも……、いいよ。そうやって誰にも相手にされずひとりぼっちでいるのにはオレ、慣れてるからさ。小学校の「お楽しみ会」の班分けでもそうだったよ。「じゃあ好きな人とグループを作ってくださ～い！」っていう学級委員長の声がかかると、周りの全員が一斉に仲良しグループを作るのを尻目にオレは、誰にも相手にされずどこにも行けず、ただ自分の机でうつむいているだけだったんだ。**ってリアルに寂しいんだよこの話っっ!!!!**

あ〰〰〰っはっはっは（涙）!!

まあそんな思い出話なんかに花を咲かせていないで（全然咲かせてないけど）、話を進めるとフエの街からハノイまでは、なんといまいましいことにバスでひと晩、**20時間**もかかるというのだ！　ううう……お楽しみ会のことなんて思い出したくなかった……（涙）。

オレはとにかく、夜行バスが嫌いで仕方がないのである。

基本的にオレは夜行移動の場合、バスでも電車でも、乗車中には一睡もできないのでございます。というのはみなさんご存知の通り、オレは政治家の鳩山さんとの「おぼっちゃま対決」でも一歩も引かないほどの上流階級の甘えん坊なので、就寝時にはシモンズ社製のキングサイズの最高級ベッド（価格およそ200万円）でないと眠りにつくことができない体質なのである。

もちろん、これまで宿泊してきた一泊300円程度の安宿にはシモンズ社製のベッドは置いていなかったので、オレはこの旅で今まで一睡もしていないのだ。**1年近く一睡もしていないのだ。**〔冗談に聞こえるかもしれないが、たしかにこれは冗談だ。あははっ。ば〜か。

とはいえ、眠れないながらも夜行バスでの移動というのは、隣に座る旅行者次第で楽しくも退屈にも、どちらにも転ぶものである。もしも隣人が初対面とはいえ意気投合できるような心許せる人間であれば、長い夜行の移動もまた良い思い出となる。人、人、人、すべては人の質にある（少林寺拳法の開祖・宗道臣の言葉）。ならばその点は、今回も期待して臨みたいところなのである。

それでは確認してみよう。今私《わたくし》が乗っているこのハノイへ向かう夜行バス、隣に座っているのはいったい誰かな？　マドンナかな？　レディー・ガガかな？

…………………。

野ぎくかよっっ（敬称略）!!!!!!

やだ〜〜〜やだ〜〜〜〜〜（涙）。

そう……、フエのターミナルでバスに乗り込み自分の座席に落ち着こうとしたところ、突如雷雲《らいうん》とともに隣席に出現したのは、あの日ホーチミンシティで死んだはずの不幸せ配達人・**冥界の野ぎくちゃん（5年ぶり3回目）**であった。

どうしてこんなに何度も何度もタイミングが合ってしまうのだろうか。これはただ事ではないぞ。今やベトナムで野ぎくちゃんに遭遇する確率は、**平日の午後にテレビ朝日系列にチャンネルをあわせると沢口靖子か名取裕子に出会う確率と同じ水準**である。ひょっとして、ベトナム全土には**野ぎくちゃんが50人くらいいる**のではないだろうか？

しかし実際のところは、別にベトナム政府によりクローン野ぎくちゃんが開発されたというわけではなく、前述の通りベトナムという国は縦に長いため、旅のルートはほぼ限定され旅行者は顔を合わせる機会が自然と多くなるというのがカラクリであった。

これはまいった。

繰り返しになるが、野ぎくちゃんといえば道を歩いているだけで突然黒人さんに石で頭を割られ、オレが見たほんの数日のうちにも買ったばかりのスカーフをなくしネックレスをなくし靴を捨てられカメラは壊れ注文した料理は出てこずリンゴは剝けずナイフで指を刺し貫いた、一時はルームメイトの間で**「彼女のためにみんなで少しずつ募金をしようか」という提案がなされたほどの不幸な人間危険区域**である。

彼女と一緒にしかも隣の席で20時間もバスに乗るという状況が、果たしてどのような結果を生むことになるのか。このことが、吉と出るか凶と出るか。**鬼が出るか蛇が出るか。**

もし結果が凶と出た場合には、野ぎくちゃんが呼び寄せた巨大ハリケーンにバスもろとも飲み込まれるという可能性もあるが、逆に考えれば、強盗が乗り込んで来て誰か一人をみせしめのため撃とうとした場合その一人は野ぎくちゃんになるだろうから、**避雷針的な役割**で使えるということもあるかもしれない。

これは、検証のチャンスじゃないか。ただの不幸を呼ぶ女性なのか、それとも自分は不幸だけれど避雷針となり周囲の人間には幸福をふりまく女神なのか、いったい彼女のポジションはどちらなのか。ハノイに着くころには、きっと明らかになっているに違いない。

ちなみに、オレと野ぎくちゃんはお互いに旅行記を書いていることを知っており、先日のメコン川ツアーの際には「もし互いに相手を旅行記に登場させることがあったら、どんなことでも遠慮なく書いてよい（その代わりメシをおごる）」という協定を結んである。ただそもそも2人とも旅行記では自分の不幸話をおもしろ苦しく書くことをウリにしているため、協定なんて作らずともひどく書かれることには慣れたものなのだが、であればなおさら、今夜なにか事件が起こったら遠慮なく書いちゃおうと思っている。

でもそうは言っても、やはりそう簡単におもしろい出来事なんて起こらないものだ。

いくら野ぎくちゃんが不幸を呼ぶといっても、所詮彼女は何十人という乗客の中に混じった一人のか弱い女性である。

基本的にバックパッカーというのはオレのように快活で幸運を呼ぶ体質の人間が多く、ここにいるすべての旅人を合計すれば、必ずトータルの幸せパワーはプラスに傾くはずなのだ。つまり、ハノイに着くまでのたった20時間のあいだに、いくら野ぎくちゃんが不幸パワーを出して頑張ろうと、特筆するような事件など起こるわけがないのである。怖いことや、危ないことや不潔なことや汚いことや汚いこと、そんなハプニングはなにも起こらずに、次のページではもうあっさりとハノイに到着しているに違いない。まず十中八九間違いない。何事もなくハノイに着くに違いない。だから、**お食事中の方はなるべくここから先を読むのはお控えください（涙）**。

ということで、本来ならばあっさりハノイに着くはずが、なんの手違いがあったのか現在はまだフエを出てから6時間ほど、時刻は夜の12時というシーンである。

とはいえバスの中はもう照明が落とされ真っ暗で、窓際に座っていたオレは寝られないながらも窓によりかかって目を閉じ、いつものように世界から貧困と戦争がなくなることを一人で無心に祈っていた。

するとそんな時に突然、オレのま後ろに座っていたユダヤ（イスラエル）人のヒッピー風旅行者が、**「ゴヘェッ‼　ゴハッ、ゴエーッ‼」**てな感じの、ものすごく苦しげな咳をし出した。

なんだ？　体調でも悪いの？　死にそうなの？　いや、死んじゃダメだよ。旅っていうのは、生きて帰るところまで含めて旅なんだから。第一こんなところで死んだら、警察が検分に来たりしてハノイに着くのが遅れちゃうでしょ。それだけは勘弁してね。

するとその直後、今度は隣の野ぎくちゃんが**「キャー！　なんか水が降って来たー（涙）‼」**と叫び出した。うーむ。またなにかにやられてるねこの人。なに、なにが降って来たの？　雨漏り？　ヨダレ？　濃硫酸？

そうしているうちにヒッピー旅行者の仲間が運転手に訴えて車内の電気を点けてもらったのだが、なにやらただならぬ気配に振り返ると、後ろの座席では先ほどのユダヤ人が思いっきり胃の中の物を**ゲローーと戻していた。**

そう、今しがたの激しい咳は、咳ではなく**猛烈な嘔吐**だったのだ。

まさか、こんなところにもゲロリストが潜んでいたとは……。あんたバスの中でなにやってんの‼　しかもおゲロ袋使ってないじゃん！　吐くのはいいけど、ちゃんと袋に出してよ‼　そんなあちこちに吐き散らかして気持ち悪いなあもう‼!

…………。待てよ。

ということは…………。**たしか今オレの隣で「キャー水が降って来た（涙）‼」と叫**

んだ奴がいたな……。

ちらっ（横目で）。

ぎょわ————っっっ!!!!

オレが恐る恐る噂の野ぎくちゃんに目をやると、たしかつい5分前まで紫色のTシャツを着ていたはずの彼女は、なぜかいつの間にかキレイな**白玉模様のシャツ**に着替えを済ませていた。

あれっ、すごいじゃん！　あなた、ただ不幸なだけの芸のない女性だと思ってたけど、**そんな早着替えの特技を持ってるなんてすごいじゃん！　ついさっきまで紫のシャツだったのに今は白玉模様のシャツにそんな一瞬で！**　しかも周りにこれだけみっちり乗客がいるバスの中で早着替えを披露するなんて！　見直したぜよ!!

……………。

いや、違うな。

よく見ると、野ぎくちゃんはシャツだけでなく、**地肌である首や腕にまで白玉を散乱させている**ではないか。こ、これはまさかの…………（泣）。

ありがとう。

野ぎくちゃん、**オレの代わりにヒッピー旅行者のゲーをかぶってくれてありがとう。**

君は、芸のない人間なんかじゃないよ。今はもう、立派な芸を持つ女性だ。自信を持っていい。だって君はそんなにたくさんのゲーを体中に身につけているじゃないか。

オレも先日はタイの山奥を走る長距離バスでゲーを極めたものだが、野ぎくちゃんの場合は自力ではなく**人のゲーを身につけた**ということになる。なんか、他力本願というのはちょっと汚いよなあ（いろんな意味で）。でも、一方では**「ゲーは盗むもの」**とも言うわけだし、彼女のしていることは誰にも責められるものではないのかもしれない。

それにしても、これはすごいことだと思う。ゲーを吐く時に下でなく前に飛ばすユダヤ人もすごいが、しかし彼は**オレの真後ろの座席**に座っているのである。そんなところで盛大に吐いているのに、本来頭から白い液をかぶるべきポジションのオレに1滴も付いておらず、**その隣の野ぎくちゃんばかりに白い液体が点々と初雪の草原状態**なのである。

結局彼女は早着替えが特技だというわけではなくただおゲロをかぶっただけだったので、バスの中で服を脱ぐわけにもいかず、隣の乗客（オレ）からは「**近づかないでっ‼　あっち行って‼!**」となじられ、ヒーヒー泣きわめきながらトイレットペーパーで体に付いた見ず知らずの外国人の嘔吐物をネチョネチョと拭《ぬぐ》っていた。

……いやあ、これはいいかもしれないな。今回は、実に彼女の不幸体質が避雷針として働いてくれているではないか。野ぎくちゃんが近くにいれば、自分に降りかかるはずのアクシデントは持って行ってもらえるのである。セコムより、**一家に一人野ぎくちゃん**を導入すれば、きっと平穏な暮らしが送れるのではないだろうか。お宅に設置した野ぎくちゃんが不幸の集中により破損した場合は、ただちに業者が新しい野ぎくちゃんをお届けに伺います。

さて、騒動はいったん落ち着き、後ろのユダヤ人とその仲間も、見知らぬ人のゲーを服にしみ込ませた汚野ぎくちゃん（おのぎくちゃん）も、再び電気が消えた車内で一様に眠りにつこうとしていた。

寝られないのはオレだけのようだ。もともと神経質で夜行バスでは寝られない体質なのに、隣にいるのが**ゲーを身につけ過ぎた人**では、誰がリラックスして寝られようか。

というかその状態で寝ようとしているあんた（汚野ぎくちゃん）の神経がオレには理解できないぞ。すっかり「シャワーを浴びてスッキリしたから、もうあとは寝るだけよ♪」という表情で安らいでいるが、**いくらなんでもゲーのシャワーで満足するのは人として間違っていないか。**

いやあ、それにしても寝られないな……。隣の人がおぞましいせいで……。**ドガ―――ン!!!!**

なんだ〜〜〜〜〜〜〜〜っっ!?

な、なんか、今バスの外部に大きな衝撃を感じたぞ。

なにか動物でも轢いたのだろうか？　それとも、パンク？　でもバスは走り続けているから、違うみたいだな。なんだったんだろう。

車内は暗いままで、もちろん乗客はゲー染めのシャツを着ている人はじめ全員が飛び起きてざわめいているのだが、特に運転手からの説明もない。

まあしかしバスはこうして動いているわけだし、おおかた通行人でも撥ねたのか、踏んだ石が跳ね上がってバスの底に当たったのか、その程度の他愛もないことなのだろう。

もう深夜の2時という時間のため、5分もすると車内のざわめきも収まって、乗客は一人また一人と眠りについて行った。

よーし、じゃあオレも寝よう。一人また一人と眠る乗客の、その中の一人にオレもなろう。次の一人でオレが寝よう。一人……また一人……そしてまた一人……次いでまた一人………それからまた一人………ひいてはまた一人………しこうしてまた一人………**ああ一向にオレの番が来ない（涙）**。

いやあ、本当にまったく寝られないな……。隣の人がおぞましいせいで……。

グワッシャアアアアアアーーーーン!!!!

「キャーーーーーッッ!!!!」

「ウワァァァーーーーッッ!!!!」

なんだ〜〜〜〜〜〜〜〜〜っっっ!!!!

第1回目の衝撃からおそらく20分ほど後。

オレたちが座っている位置から少し前方の席の、**窓ガラスが突然粉々に割れた**。なぜかはわからない。今度はざわめきどころの話ではなく、乗客の悲鳴が起こる。**キャ〜〜〜〜っ!!　イヤ〜〜〜っ（涙）!!　助けて〜〜〜っ（号泣）!!**　おおおお……怖いよお……怖ガールをそんなに刺激しないでお願い……（泣）。

ところが、不思議なことに、それでもバスは止まるどころかむしろ速度を上げて突っ走っている。

普通走行中にいきなり窓が割れるようなことがあれば、いったん止まって運転手が様子を見に来るものだろう。しかしこのバスは止まるどころか、車内の電気もつけず猛スピードで夜の道を走り続けているのだ。

それから数分後、また1度目のようなドーーン!! という衝撃がバスに加わり、女性旅行者と怖ガール(オレ)が一斉に悲鳴を上げる。汚野ぎくちゃんの服はまだゲーで湿っている。

どどどどどどどどどっどどどどどどうということですかあああ。

しかし、窓の外に目をやっても、少なくともオレの目にはベトナムの草原以外はなにも見えない。なんだ。なんだよう。**なにが起こってるざますのっ(涙)!!! ああろえっっ(恐怖の号泣)!!!**

大騒ぎする乗客をよそにバスは走り続け、ようやく休憩所に入って停止したのは窓が割れて30分ほど経ってからのことだった。

一度バスを降り、外から見てみるとなるほど窓ガラスが1カ所激しく割れているが、それだけでなく後部座席の真後ろ、背面の窓にもヒビが入っている。1度目、もしくは3度目の衝撃の際に割られたものだろう。

こうなってくると、もはや石を踏んだどころの話で済まされることではない。

このバスは、**なにかに襲われている。**だから、止まることなくあんな猛スピードでかっ飛ばしていたのだ。我々は、**なにかから必死で逃げていたのである。**

ただ、今となってはもう襲撃者の正体はわからない。そもそもオレも衝撃があってすぐ窓の外に目を凝らしたが、怪しい者の姿は見当たらなかった。アフリカや南米などの一部の危険区域ではバスごと強盗に襲われるという話も聞くが、ここは平和な東南アジアである。まさかベトナムでそんなことがあるのだろうか。

…………。いや、しかし、よく考えてみればベトナムは平和だといっても、野ぎくちゃんがいる時点でそこは危険区域だからね。ということは、平和なベトナム全土の中で、**野ぎくちゃんの乗っているこのバスとその周囲だけがアフリカや中南米と同じ危険区域**になってしまったのだろうか。そして山賊に襲われてしまったのだろうか。

そんな中、ある白人旅行者グループがなにやら騒いでいたため様子を見に行ってみると、どうやらそのうちの一人の女性が、**奇妙な追跡者の姿**を目撃したと言うではないか。

その白人女性の話では…………、このバスを、**人間のような姿をした空を飛ぶ物体が、追いかけて攻撃を仕掛けていた**というのだ。にわかには信じがたい話だし、寝ぼけていた可能性もあると思うがしかしそれを聞いた白人旅行者グループは、その飛行物体の正体は**「フライング・ヒューマノイド」**だと結論づけていた。

フライング・ヒューマノイド………。

説明しよう。

2004年1月、メキシコの町グアダルーペで、警察官が謎の生物に襲われるという事件が起きた。

被害者の証言によると、パトカーで走行中に突然空中から**魔女のような姿をした物体**が飛来し、ボンネットに飛び乗り襲いかかってきたというのである。

その事件の後その恐ろしい人型の飛行物は世界各地で目撃され、中には画像や映像で捉えられたものまである。時には3mもの大きさの個体の目撃情報もあるこの未確認飛行物体は、「フライング・ヒューマノイド」と名付けられ世界中の人々から恐れられているのである。

↑割れた窓に応急処置をする運転手

これはいったいどういうことだ。

予定ではフエからハノイまで、何事もなくページをめくればあっという間に到着するはずだったじゃないか。それがまさか、**隣の乗客がゲロをかぶった上にバスがフライング・ヒューマノイドに襲われる**とは、いったい誰が予想したであろうか。

現実的に考えれば、長距離バスを追いかけて窓を割る存在といえば強盗集団や暴走族といったところであろうが、なにしろ今回は目撃者がいるのだ。彼女がそう言うのなら確かだろう。**これはフライング・ヒューマノイドの仕業《しわざ》に違いない。**

しかし問題は、なぜそんなものに襲撃されなければいけないのかだ。当たり前だが、オレは1年近く世界を旅しているがフライング・ヒューマノイドに襲われたのは初めてである。

……………。

間違いない。

これは間違いない。**野ぎくちゃんが呼んだのである。**あの時の頭を割った黒人さんと同じく、本来は遥か上空を平和に飛んでいたフライング・ヒューマノイドさんが、たまたま地上を観察したところバスに乗っている野ぎくちゃんを発見し、そうしたらもう襲いたくて襲いたくて我慢できなくなってしまったのである。

オレはあらためて、野ぎくちゃんという人間の不幸を呼ぶ体質のすごさに戦慄《せんりつ》した。

しかも彼女は、ただフライング・ヒューマノイドに襲われただけではないのだ。それだけでなく、**まず最初に後ろの乗客にゲーをかけられて、その後でフライング・ヒューマノイドに襲われたのである。**

一般的な地球人ならば、「バスに乗っていて後ろの見知らぬ外国人にゲーをかけられる」ということだけで、一生に一度あるかどうかの運の悪すぎる体験である。同じく、「バスに乗っていてフライング・ヒューマノイドに襲われる」ということも、ほとんどの人間は一生縁がない稀《まれ》に見る不幸な事件だ。

それが野ぎくちゃんの場合は、**1回バスに乗っているうちに後ろの乗客にゲーをかけられてなおかつフライング・ヒューマノイドに襲われた**のである。

刮目《かつもく》せよ。**このことを偶然で片付けるほど我々は盲目であってはならない。**これはまごうことなく必然なのである。**野ぎくという魔の存在が奇跡を必然と成したのである。**

思えばこのバスの発車時には「鬼が出るか蛇が出るか」などと先を案じていたものだが、いくらなんでも鬼でも蛇でもなく**フライング・ヒューマノイドが出る**とは予想もつかなかった。**予想できるかっっっ!!!**

野ぎくちゃんという存在が吉なのか凶なのか、鬼なのか蛇なのかそれとももののけなのか、結局結論は出なかった。

もちろん吉か凶かのどちらかに分ければ**750%以上の確率で凶な存在**であるとは思うが、しかしあ彼女がいてくれたおかげでオレがゲーの被害を免れたということもまた事実である。


我々を襲った追跡者、そして汚野ぎくちゃんの正体はいったいなんなのか。様々な謎を残したまま、応急処置を済ませたバスは再び漆黒の中を北へ向かって走るのであった。


朝方ハノイに到着すると、もはや宿を探し歩く気力などなく、オレは汚野ぎくちゃんと一緒に客引きに連れられすぐ近くの安宿のドミトリーにチェックインすることとなった。

10床ほどのベッドが並んでいるが、使われているのは半分ほどだ。オレは先に汚野ぎくちゃんにベッドを選ばせると、自分は最も彼女から遠い場所に寝床を確保した。こうすれば、もしいきなり部屋の中に手りゅう弾が投げ込まれるようなことがあっても、爆発するのは汚野ぎくちゃんの近くだろうから安心だ。

部屋には全ルームメイトが共同で使うトイレ兼シャワールームがひとつだけ付いているのだが、到着早々汚野ぎくちゃんがトイレに入るとその10分後、**「キャーー‼　トイレから出られない（涙）‼」**という悲痛な叫び声と、**ドンドンドンドンドンッ‼**　と内側からドアを必死に叩く音が聞こえて来た(すべて本当の話です)。

さて、オレは疲れたからちょっと寝るか……。

そのまま5分ほどガチャガチャという迷惑な効果音が続いたと思ったら、やっとドアが開いて、どよ〜んとした空気に包まれた不幸な人が背後霊に首を絞められながら出て来た。とりあえずあなた、**人生の自己破産**をしてもう一度一からやり直した方がいいのでは……。

さて、本来なら話はここまでにしたいところだが、こんなに女性の悪口ばかり並び立てて一章を終えると「日《ひ》の本一《もといち》のフェミニスト」という異名を取るこのさくら剛の名が廃《すた》るので、最後に少しだけ、話題はうって変わってハノイで起きた**おもしろ出来事**について紹介し、気分良く締めくくりたいと思う。

なお、旅行者のプライバシーに配慮して、ここから先は登場人物を仮名とさせていただく。書かれる人の気持ちを慮《おもんぱか》り、本人が特定できない形にしてあげるのが真の紳士な著者ですからね。

ということでハノイに到着した数日後の夜、同じドミトリーに泊まる面々、オレと**Nぎくちゃん(仮名)**を含め日本人旅行者3人、韓国人旅行者1人の合計4人で一緒に夕食に出かけることになった。

たまにはいいものを食べようじゃないかということで、我々変態カルテットが入ったのはこじゃれた洋食レストランである。

ベトナムはとにかくビールが安いらしく、オレを除く3人はビールで乾杯。一人だけオレンジジュースを飲むオレ（ビール飲めない）は乾杯にも入れてもらえず盛り上がらず、基本的に話にも加わらずくよくよしていた。

しかしそんな時、珍しく生意気にも酔っ払ってはしゃいでいたNぎくちゃん（仮名）が、それまでだらしなく開いていた口を急に閉じ、無口になった。どうやら飲み過ぎて気分が悪くなったらしい。

オレは人が体調を崩すと嬉しくなる体質なので、彼女が辛そうな態度を見せれば見せるほど逆に気分は高揚し、それからしばらく空気と化したNぎくちゃん（仮名）を放って、他の2人と一緒にそれはそれは楽しくディナータイムを過ごしていた。飲めや食えやの大騒ぎだ！　もうパインジュースも頼んじゃうよ！　マンゴージュースもいっちゃうよ‼

するとその時‼

「ううっ、もうダメっ（涙）!!!」

断末魔の呻《うめ》きと同時にトイレに向かって走り出す野ぎく、いや**Nぎくちゃん（仮名）**。

そのまま遠くへ見えなくなった重篤なNぎくちゃん（仮名）であるが、あまりに尋常でない勢いだったため、オレたちは仕方なく楽しい宴を中断して様子を窺いに行くことにした。お互いに他人を先頭に押し出しながら、ごたごたに巻き込まれたくない我々は仲間を心配する一心で、ただひたすらゆっくりとトイレ方面へ向かった。

すると………。

イヤイヤ先頭を歩いていた日本人Hさん（女性）が、悲しげに呟《つぶや》いた。

「うわあ、間に合わなかったか…………」

あと2歩進めばドアノブを摑めるという、ほんのわずか1mトイレの手前。その廊下の汚れた床の上に、不幸な某女性Nぎくちゃん（彼女の尊厳を守るため、決して名を明かすことはできません）は四つんばいになって突っ伏し、そしてその、四つんばいのNぎくちゃん（仮名）の見つめる地面には、**彼女自身の胃袋から搾り出された10人分の巨大なホットケーキ、もしくはもんじゃ焼きに相当しそうな盛大で大量のゲ（ピ――――音）が**……

※お見苦しい場面が続きますので、次ページよりしばらくさくら剛撮影による東南アジアの旅情溢れる風景をお楽しみください。

……………。

あっ、どうもどうも。

いやー、しかしあれだね。

やっぱり、「ゲーは身を助ける」っていうのはウソだね。だってこの人ここのところずっと、**明らかにゲーで身を滅ぼしてるもん。ゲーのおかげで散々な目にあってるんだもんこの女の人。**

いや、ひょっとしたらNぎくちゃん（仮名）は、夜行バスの中で身につけたゲーを、ここでみんなに披露したかったのかな……こんなにも立派なゲーを……。

……………はてさて。

「ぴぎゃ〜〜〜っ（涙）！　ぴぎゃ〜〜〜っ（涙）!!」

体調の悪さと情けなさで大泣きする汚野ぎくちゃんを悔しいことにオレが背負うことにな

り(日の本一のフェミニストだから)、みんなで部屋まで帰り彼女をベッドに放り捨てると、オレたちは誰からともなく一人1万ドンずつ財布から取り出し、彼女の枕元にそっと置いた。

さようなら汚野ぎくちゃん。

君のような旅行者がいたことを、オレたちは忘れないよ。だから安心して眠ってください。

安らかに…………。

13. 暑い宿にて

東南アジアはおしなべて同じであるが、ベトナムも、とにかく暑い。

どのくらい暑いかというと、日なたに停まっている車のボンネットの上に生卵を落とすと、なんとびっくり**卵の殻が割れてしまうくらい暑い。**

…………。

しまった！　生卵の**殻を割らずに落としてしまった!!**

じゃあやり直して、日なたに停まっている車のボンネットに**殻を割って生卵を落とすと、**卵はそのままボンネットの傾斜をツツーっと滑って地面にぼてっと落ちてしまい、**もったいない。**でもその落ちた生卵は、辺りに山ほどのさばっている熱そうなノラ犬（ホットドッグ）が**おいしくいただきました。**

そんなある夏の日（ベトナムの暑さをうまく文章で表現することに失敗した夏の日）の朝、オレはベトナムの初代国家主席・ホーチミンの死体を見学できるという、「ホーチミン廟」へ出かけた。

ガイドブックにも必ず載っている有名なその廟までは、中心街から歩いて3時間、ハイハイなら30時間ほどの距離である。**バスで行くけどなっっ!!!**

涼しいうちに手早く死体見学を済ませて帰るつもりだったのだが、しかしホーチミン廟に到着してみると、こんな朝早くから長蛇の列ができている。

すごいなあ。ただじいさまの死体があるだけなのに、どうしてこんなにお客さんが殺到しているんだろう。ひょっとして、昨日あたり「王様のブランチ」で紹介されたりしたのだろうか？　それなら、**「ブランチ見ました」**と合言葉を伝えれば、料金を割り引いてくれたり特別サービスで**死体を1体増やしてくれたり**するのではないだろうか。

オレは並ぶのが嫌いだ。だから、本当なら他のお客さんをなぎ倒して行列に割り込み、なおかつ我先に安置所のホーチミンに突進してさっさと見学を終わらせて帰りたかった。

しかしホーチミンといえばベトナム戦争で軍隊を率いた英雄であり、この廟を警備しているのは銃剣を持ったベトナム軍の兵士である。もしオレが暴れながらホーチミンへ突進するようなことがあったら、きっと真っ先に銃剣の刃によって串刺しにされ、**誰も「ブランチ見ました」と言っていないのに死体が1体増える**という**お得な展開**になるに違いない。そんなのイヤンよ〜イヤンよ〜イヤンよ〜（号泣）。

というわけで、並ぶのも死ぬのも同じくらいイヤなオレは、死体の見学はあきらめて午前早々に宿へ帰ったのであった。

だいたい、死体なんておもしろがって見るものじゃないよね。興味本位で人の死体を見学しようとするなんて、ほんと悪趣味だと思うよここに並んでる人たち。まったく軽蔑するねオレはっ!!!

さて、安宿には当然エアコンなどないので、日光が当たらない部屋の中とはいえ、室内は毎日が猛暑日だ。

同じ部屋の隣のベッドにはつい先日一緒に洋食レストランに行った日本人女性Hさんがいるのだが（ちなみに野ぎくちゃんは昨晩息を引き取られました）、オレはHさんには一切気兼ねせずに、部屋に帰った直後からトランクス1丁でぶらぶらと過ごしていた。

そんなっ、トランクス1丁で部屋をぶらぶらあそこもぶらぶらなんて女性の前ではしたない！　と思われるかもしれないが、なあに心配はいらない。だって、Hさんはあまりそういうのを**気にしないタイプの女性**なのだから。

だいいち、あくまでもパンツははいているわけだからね。決して全裸になって**王様のブラチン**を堂々と披露しているというわけではないから。だから誰にも責められる筋合いはないんだよ。もちろん、もし隙間からいちもつを覗かれてしまい、Hさんに**「ブラチン見ました」**と合言葉を言われたら、オレはがんばって増量サービスをするからね。**5割増しくらいにするからね。**まだまだ元気だよオレは。毎日マカの錠剤を飲んでいるんだから。

まあたしかに、全裸ではないとはいえ女子の前でこんな格好になるのはやや非常識で自分勝手かもしれないが、別にオレは自分だけ良ければいいと思ってるわけじゃないよ。逆にオレだって、もしHさんがこれからパンティー1丁で過ごしたいと主張したとしても、それを咎《とが》めるつもりはまったくないから。そこで「男ならいいけど女はみっともない」とか、そういう性差別的発言をするような人間じゃないからオレは。女性だって、暑ければ脱げばいいんだよ。そこは男とか女じゃなくて、**ちゃんと一人の人間として見るからオレは。**立派な考え方を持っているだろう？

というわけでこのように暑《あつ》ガールなオレは人目もはばからずパンツ1丁になっているわけだが、それだけで暑さへのレジスタンスを終わらせるつもりは毛頭ない。まだまだ、抵抗はこれからだわよっ。

オレは手強《てごわ》い室温に張り合うため、トランクスをはいたままでシャワールームに殴り込むと、頭から思い切り水をかぶってそれを一切拭かずに、**全身（もちろんトランクスも）ぐっしょりのままベッドに戻りファンの風を浴びる**という決死の作戦を繰り出した。どうだ！　これにはベトナムの暑さといえども手も足もぐうの音も出ないだろう!!

オレのような男前が濡れたボディのまま部屋をうろついては、いつにも増した色気がルームメイトHさんの愛欲を刺激して思わぬスキャンダルが生じてしまうのではないかと心配する御仁《ごじん》もおられようが、そこは案ずるに及ばない。

なにしろこれはただのウェットな姿ではなく、水を浴びたまま**一切拭いていない**わけなので、常に髪の毛や顎《あご》や手足から水がボタボタボタボタッ！　と大量に流れ落ちており、色気というよりは**井戸から登場した直後の貞子のような怨念立ちこめる霊気**を見せているのである。まさに貞子さながら、旅のあいだに伸びきったオレの前髪は、海草のように顔面に真っ黒く張り付いている。

こんな姿ともなれば、いくら素材が極上の男前とはいえ、さすがにHさんを惑わせることもないのである。

ちなみに彼女は隣のベッドでずっと文庫本を読んでいるのだが、オレは暑さでなにをする気力もないためただ濡れたまま裸で横になり、ファンの風を浴びながら微動だにせずHさんの姿を凝視していた。顔面にベターッと張り付いた前髪のわずかな隙間から、**貞子のように白目をカッと見開いて、1・5mの距離からHさんを凝視し続けた。**

まあそうは言っても、彼女は本当にそういうの（裸とか貞子とか）を気にしないタイプの女性だから。野外パーティーを好むような趣向の人だから。レイブとかそういうオープンな無国籍な感じに慣れているというか。ドレッドヘアのカリブ海風というか。タランチュラくらいバリバリ食べそうというか。大蛇を体に巻き付けて裸で赤ワインを飲んでいそうというか。そういうタイプの女性だから。だから男の下着姿なんてなんとも思わないんだよね。

ちなみに「ファンの風を浴びる」という、その「ファン」というのは天井からぶら下がっている巨大な扇風機のことで、ロープをひっかけて**首を吊るにはもってこいの設備**なのだが、なんといってもずぶ濡れた体でこのファンが巻き起こす風に当たると、最高に涼しくなるのである。

濡れた体で風を浴びるとどうして涼しくなるのか？　というとそれは気化熱のせいだ。物質が液体から気体に変わる、つまり体に付いた水滴が蒸発しようとする時には、気化（気体になる）するためのエネルギーとして一定の熱が必要になる。この「気化に必要な熱」のことを気化熱と呼ぶのだが、それは水が元々持っているわけではないため、この時に水はオレの体から熱を奪うわけだ。だから熱を奪われる側であるこちらの体は、涼しさを感じるのである。

実はこれと同じ仕組みを使った電化製品が、僕たちの身近な所にもあるんだ。なんだかわかるかい？……そうその通り。冷蔵庫だよ。冷蔵庫に取り付けられたパイプの中の冷媒が蒸発する時の気化熱により、庫内はあんなに冷たくなるわけだ。

たしかに、冷蔵庫が普及することにより我々の生活は格段に便利になった。でも、映画「ALWAYS 三丁目の夕日」を思い出してほしい。あの、新しい電気冷蔵庫にはしゃぐ家族を見つめる、氷屋さんの寂しそうな背中を。文明の発展とは光だけではない、常に影の部分も含んだ表裏一体のものなのである。我々はそれを決して忘れてはならないのだ。

……………。以上、**「1分間の浅《あさ》イイ話」**でした。

なお、ファンは首を吊るにはもってこいの設備とはいえ本来は首を吊るための設備ではないのだが、**涼しくなるという点では首を吊っても同じ**なのかもしれない。日本でも夏場には縁側に風鈴を吊るしてチリンチリンいわせ、「なんだか涼を感じるねぇ」なんて風流人がいるが、風鈴よりも**首吊り死体を吊るしておいた方が**ずっと心の底からの涼しさを感じられるに違いない。さらに死体の足の指に風鈴をくくりつけておけば、相乗効果で涼しさは2倍である。

ともかくオレは濡《ぬ》れ体《たい》でひんやりと風に当たりながら、ファンの下で横になって寝ているのだがしかし所詮真夏日の宿の中では体にしろパンツにしろベッドにしろ床にしろ、30分足らずでカラッカラに乾いてしまう。乾いちゃイヤンよ〜イヤンよ〜(涙)。

そうなると、またオレは暑さに耐えかねてシャワーに飛び込み、水を浴びて全身ぐっしょりになるのだ。そして一切体を拭かずにそのままヒタヒタと部屋に戻りベッドに倒れ、固まった前髪の隙間から目をガッッ！　と白目に見開いて隣のHさんを凝視しつつファンの風を浴びるのだ。

なるべくひんやり感を維持させるように、とにかく身動きをしないことが大切だ。体を動かして熱を発することが一切ないように、同じ姿勢で横になり続けるのである。

ただ怠けて涼んでいるだけに見えるかもしれないが、意外とそうでもないんだぞ。これは次回の「とんねるずのみなさんのおかげでした　博士と助手～細かすぎて伝わらないモノマネ選手権～」に、**浜辺に打ち上げられた水死体のモノマネ**で出場するための練習も兼ねているのである。

どうだい？　こうやって、どんな時でも演技を磨くことを忘れないのが一流の女優なのさ。いいかいみんな。**あたいたちは24時間365日女優なんだよっ‼　それをしっかり肝に銘じておくんだねっっ‼!**

その後もシャワー室とベッドとの往復を繰り返し、全身びしょ濡れなままヒタヒタ歩いて部屋に戻ってはひたすら風を浴び体を冷やし、乾いたらまたシャワーに突撃して水をかぶる。

隣で読書中のHさんがこちらに向ける視線は明らかに**「旅行中に出会ったナンバーワン変態を見る目」**であったが、そんな些細なことは気にせずにオレは部屋とシャワールームを行ったり来たり、裸体から水をしたたらせてさまよい続けた。なんでもこの翌日から、**「宿の中でカッパを見た」**という噂が宿泊客の間でまことしやかに囁《ささや》かれるようになったという。

そんなことをしているうちに、夜になった。

何度水を浴びただろう。どれだけの体温が奪われたことだろう。
気づいた時には、**オレは完全に体調を崩し、全身を激しい悪寒に襲われていた。**

う゛う゛…………。

全身が痛い……（涙）。

体中の関節がギシギシと悲鳴をあげ、特に腰痛の辛さは最高潮に達している。だるくて痛くてだるくて痛くて、起き上がれない。暑いはずなのに、寒気がする。体が乾いた後も寒くてしょうがない。確実になにかの病気になった。

ど、どうしてだ。どうしてこんなことになってしまったんだ。**いったいなにが原因なんだよっ（涙）!!　なにも心当たりはないぞっ（号泣）!!!**

「だ、だいじょうぶ……？」

突然シャワー室との往復も貞子凝視もやめたと思ったら、口をだらしなく開けて**廟に安置されたホーチミンの死体よりはるかに顔色が悪い本格的な屍《しかばね》の姿**になっているオレを見て、大蛇を体に巻いてワイングラスを傾けつつ読書中のHさんが気遣いの声を掛けてくれた。

「いたい……体がいたいよお……（号泣）」

「そりゃあんた、濡れたまま歩き回ってるんだから当然よ。自業自得でしょそんなの。体温計持ってるなら熱測った方がいいよ」

「ふざけんなー。自業自得じゃないってんだよー（涙）。ベトナムが暑すぎるから悪いんだよ〜。あんたもルームメイトだったら看病くらいしろよ〜（涙）」

「はい、これ使いな。おでこに貼り付けるんだよ」

「かたじけない（号泣）」

まずはお尻をHさんの方に突き出し肛門に体温計を挿入して測定してみると、体温は37度ちょい越えであった。よってHさんにもらった「熱さまシート」をオレのアールデコ（おでこの芸術的な言い方）に貼り付けて寝ようとしたのだが、体は痛いわ頭は熱いわ寒気はするわ息は苦しいわで、とても寝られるものではなかったのである。


翌日、体温は37度8分。朝から夜まで、一日中ベッドの上で「イタイイタイ（涙）」と駄駄をこねた。

その翌日、咳が出始める。熱は下がらず、時折ゴホゴホと激しく咳き込んで呼吸が苦しくなる。食欲はあまりにもなさすぎるにも程がある。一昨日《おととい》から水とリンゴしか食べてないんだ。バカっ（涙）。

さらにその翌日は無理してでもなにか食べようと必死で服を着て、ベトナム名物フォーの屋台へ出かけたのだが、食欲のかけらも出て来ずほんの三口でギブアップだ。暑さで精気を絞りとられながら宿に帰り熱を測ると、38度2分。なんだこれは。熱が上がっていっているじゃないか。**イヤんよ〜〜っ（号泣）**。

日に日に咳もどんどん辛くなる。

一度咳をし出すと肺の中の空気をすべて吐ききるまで続き、苦しくなって勢いよく息を吸うとまた喉になにかが引っかかって咳が始まる。これを繰り返すばかりで、発作が治まるまでにだいぶ時間がかかってしまう。咳をする時には腹に極度の力が入るため、腹筋がジンジンと痛くなっている。

この38度に達しやがった熱を一気に抑えようと、オレは風邪薬を飲んでからあえて毛布を被《かぶ》り、ひたすら汗をかいた。

出るわ出るわ、ここ数日間で飲んだベトナムの水が全部体から流れ出て行く。数時間汗にまみれてから熱を測ってみると、体温は見事に36度8分まで下がっていた。計画通りである。

みんな、たくさん汗をかくとどうして熱が下がるのかわかるかい？　この仕組みはさっき勉強したばかりだよね。そう。汗が蒸発する時に気化熱が発生し、体温を奪って行くからだ。

どうだい。タメになるだろうこの本は？　楽しみながら自然に知識が身につく旅行記だろう？　さくら剛の旅行記が毎年文部科学省の推薦図書に選ばれるのは、実にこういう部分が評価されているからなんだよ。もちろんそれは全部ウソだよ。

ところが、いったん熱は下がったものの咳はまったく止まらず、そうこうしているうちに体温も夜にはまた38度へ逆戻りしてしまった。

なぜ下がらないんだ……。もう発熱してから4日目にさしかかり、そのあいだほとんどなにも食べていないためだいぶ体はヨボヨボだ。すっごく不安になってきた。熱と咳が（涙）。いったいオレはどうしてしまったんだろう。もしかしてこれは、先日志《こころざし》半ばで往生した野ぎくちゃんの呪いなのだろうか……。

その翌日も、布団にもぐって汗をかいて体温を下げるが、また数時間後には38度に逆戻りというお決まりのパターンを繰り返すだけだった。ところが一度下がってから元に戻る時の熱の数字は徐々に上がり、今ではもう39度にまで近づいている。

ゴホゴホゴホゴホゴホオーッホオーッホオーッホッ!!　へー、へー。だるい。そして関節痛と咳が。もうそろそろベトナムから出ないといけないころなのに……。

早く治れっ！　お願いだ!!

そうだ、もし神様が見ていたら、どうか聞いてください‼　たしかに僕は今まで素行が悪かったかもしれません。不真面目に生きて来たことを認めます。でも、**もしこの病気が治ったら、もう二度と変態行為はしませんから‼　下ネタも書きません!!!　帰国後に、インド人や中国人の悪口を書いた旅行記を出版したりしません!!!　約束します神様‼　誓います‼　だからどうかこの病気を治してください!!!　お願いしますっ‼**

…………。

いやあ、まあ別に本気で約束するつもりはないけどさ。でもとりあえず神様の前ではこうやって良い子のフリをしていればいいんだよ。治っちまえばこっちのもんなんだから。いちいちオレたちが約束を守ってるか確認するほど神様も暇じゃないと思うのよ。だって神頼みする奴は世界中にたくさんいるんだからさ。結婚式をまわるだけでも精一杯だぜ絶対？　ここだけの話、神なんて都合よく使ってなんぼだよな。

ああっ、苦しいっっ（号泣）!!!

咳の波が来る間隔は次第に短くなり、咳をすることで腹の筋肉を使い、筋肉痛の所をさらに全力の咳で刺激するためもう腹筋が壊れそうである。咳の最後にはオエッと戻しそうになり、しかしなにも吐く物は入っていないのでそのまま放心状態でヒーハーと呼吸を荒げるのだ。

いよいよ、心身共に蝕まれて来た。これは治る気がしないぞ。

濡れた体でヒタヒタしていたことが原因だとすれば、所詮ただの風邪のはずだ。それなのに、ただの風邪にしては初日よりむしろ5日目の今日の方がずっと症状が重い。

もしやこれは普通の風邪じゃない、**スペシャルな風邪**なのだろうか……？

でも、スペシャルがついたくらいでは、普通と比べてたいして変わることはないと思うんだよ。だってプロレスの「スペシャルタッグマッチ」は、普通のタッグマッチと比べて取り立てて違うところはないじゃないかよっ！「とりあえず名前にスペシャルってつけときゃなんかすごそうに見えるんじゃね？」っていう安易さが感じられるじゃないかよっ!!!

ベトナムの怨念に日に日に体を削られながら、オレはまた次の朝を迎えるのであった……。

14.　インターメディカルSOS クリニック

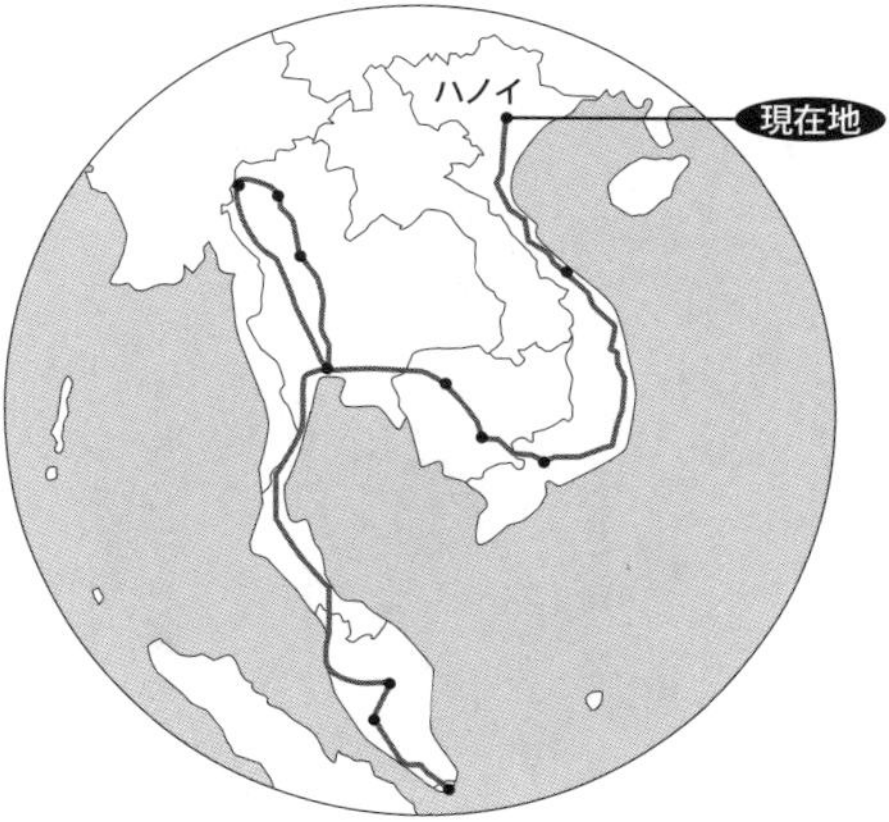

人呼んで「ハノイの貞子」ことさくら剛が裸体で発熱してから、今日でちょうど1週間。37度から始まり、だんだんと体温は上昇して1週間後の昨夜は39度。

このままのペースで熱が上がっていってしまったら、来週中には40度を突破し、さらに1カ月後には50度台に突入である。そして半年経ったら、もはや温度計でも測れない**史上初の体温100度超え**は確実だ。煎《せん》じ立てのお茶を飲むより、**オレとキスする方がずっと熱いぜ。ヤケドするぜ。**……あっ、でも、オレとキスしてくれる人なんてこの宇宙に一人もいないから、結局誰もヤケドはしないんだけどね（笑）。**バカヤロ────ッッ!!!**

もしこの本をご覧の中で「さくら剛とキスしてもいい」という方がいらっしゃいましたら、ぜひ写真つきで幻冬舎までご連絡くださいませ。※年齢、性別問わず

熱の苦しみ、関節・肩・腰の痛みもひどいが、それに勝るとも劣らない厄介者が、激しい咳だ。もうどうにも止まらないのだ。「よし、もう咳をするのはやめよう。健康にもよくないし、今日から禁咳だ!!」と決意して、リビングやトイレに「禁咳」と書いた張り紙を貼ってがんばっても、わがままな肺と喉が全然言うことを聞かないのだ。

肺さあ……、おまえ、今までオレがおまえになにか強く言ったことがあるか？　ないだろう？　子どものころから、オレはなんにも言わなかったじゃないか。な、お父さんおまえにこうやって命令するのは初めてだよな？　だから、今回はどうか聞いてくれんか？　咳を止

めてくれんか??

　喉だってそうだよ。一度でもおまえに腹ぺこな思いをさせたことがあるか？　みすぼらしいチンコ（喉チンコ）がぶら下がっているからって、バカにしたことがあるか??　ないだろう？　腹が出てきて危機感を感じた時も、それでも子煩悩なオレは「かわいい喉にひもじい思いだけはさせたくない」と、牛丼にハンバーガーにチャーシューメンにと、おまえの欲しがる物を贅沢に流し込んできたじゃないか。それなのに、たまにオレが寝込んだ時には、看病するどころかむしろ咳を出して苦しめるとは何事だよ。**恩を仇で返す気かテメー喉っっ!!　そっちがその気なら、オレも容赦しないぞっ!!!　行楽地でよく切れる日本刀でも飲んでやろうかオイ喉っっ!!!**

　この親不孝者め〜〜。**ゴホゴホゴホゴホゴホゴホオーッホオーッホオーッホッ!!**　へーー、へーー。助けて……。息ができない……。

　咳のし過ぎで腹筋がすごく痛いが、1週間水と果物とひと口のフォーしか食べていないので体力は低下するばかり。なにか喋ろうとしても全部咳になってしまい、話すこともできずただ腹を押さえ咳き込む日々だ。

　あまりに咳が止まらないものだから、しまいにはルームメイトと意思の疎通を図るために「咳⟷日本語（英語）対応表」まで作成したくらいである。たとえば「ゴホ」は「はい（Yes）」、

「コンッ」は「いいえ(No)」、「ゴホゴホゴホオーッ」は「調子が悪い(Not good)」、「ゴホオーッホオーッ」は「水を買ってきてくれませんか(Would you buy a bottle of water for me?)」。「コホオ〜〜ン……コホオ〜〜ン……」は、「好きやねん……オレおまえのこと好きやねん……(I love you)」。

そんな弱々しく母性本能をくすぐるオレの姿をさすがに見かねたのが、「大蛇と赤ワイン」でおなじみの日本人旅行者Hさんと、ゲーを身につけたり出したりすることで有名な野ぎくちゃんであった。

ちなみに野ぎくちゃんは最近姿が見えなかったのでてっきり死んだと思っていたのだが、どうやら国境付近のサパという少数民族の村まで1週間ほど観光に行っていたらしい。そして昨晩そのサパからこの部屋に帰って来たのだ。

なお、そのサパの村は今日未明、野ぎくちゃんが訪れたことがきっかけで洪水により流されたとのことである。

ともかく、Hさんと野ぎくちゃんという2大日本人美女が、朝から揃ってオレのことをずいぶん心配してくれたのである(「看病してほしくば美女と書け」という2人の脅迫に屈しました)。

「ねえさくらくん。そろそろ君はやばそうだから、病院に行った方がいいよ」

「ゴホゴホゴオーッホオーッ（そうなんだけど、あんまり外国の病院にいい思い出がなくて……）」

「でもさくらさん、私がサパに行く前と今とでは、別人のように弱っているよ……（涙）。旅行保険に入っているんなら行ってきなよ。私はもう保険期間が切れちゃっているからダメだけど……（涙）」

「ゴホゴホーゴホゴホオーッホオーッ（そんなに弱っていますか。ダイエット広告のビフォアとアフターみたいですか）」

「その感じだと、放っておいても治らないと思うしね。それか、いったん帰国することも考えた方がいいよ」

「ゴホゴホゴホッフコフッフホヘッフ（号泣）（いつだって帰国したくてたまらないけど、せっかくここまで旅をして来て病気で帰るっていうのもさ……（号泣））」

「じゃあ病院に行きなよ（涙）。ここは首都だし、ちゃんとした病院があると思うよ（涙）。私は保険期間が切れちゃってるから行けないけど（涙）。私は保険期間が切れてるしお金もないからダメだけど（涙）」

　うーんそれもそうだ。

　よく考えてみれば、ここはアフリカでもインドでもなく、東南アジア、ベトナムの首都ハノイではないか。それならば、信頼のおける病院があるはずじゃないか。南海の黒豹さんを連れて行ったバンコクの外国人向け病院が、ハイパーセレブ高医療高機能高級アメニティ完備のヒルトンホテル風だったことをすっかり忘れていた。

早速旅行保険の冊子でハノイの病院を調べると、「インターメディカルSOS」という外国人向け、さらに日本語が通じるという救世主なセレブ向けの治療施設、まさにこのオレを治療するために作られたと言っては過言であるがそう思うこと自体は誰にも止められない良さそうな病院が見つかった。

ここだ。オレが頼るべきはここしかない。

善は急げということですぐに落ちていたタクシーを拾うと、朝もやの中を噂のインターメディカルSOSへ向かう。

ハノイ中心部の長細い湖を越えたところにあるその病院は、ビルではなく2階建てでわりとこぢんまりとしていたが、まさにSOSの外国人を切れ味鋭く治療してくれそうな、頼れる最新鋭の建物外観であった。

オレはセレブにしか通ることができないという特別な自動ドアを悠々とくぐると、病院受付へ向かった。

「おたのみもうす〜」

「日本人の方ですね。どうなさいましたか？」

「あの、少し前から熱が出て、咳も止まらなくて……（涙）」

「旅行保険には加入していますか？」

「はい、リスクマネージメントは徹底しておりますので、野ぐくちゃんのごときとは違いしっかり加入しております（涙）」

「ではこの用紙に記入をお願いします。そうしたら、お名前をお呼びするまでそちらにかけてお持ちください。この体温計で熱を測っておいてくださいね」

「はい〜〜〜（号泣）」

…………。

ああ、受付のお姉さんが日本人だというだけで、なんという安心感なのだろう。やっぱり東南アジアの病院のレベルはズバ抜けているなあ。来てよかった……。

ただ、今から少し気を引き締めなければいけない。これから行う体温測定の結果というのは非常に重要なのだ。今この場に限っては、オレは**少しでも高い体温の数値を弾**《はじ》**き出さなければならない**のである。

なにしろ「熱が出て苦しいです」と言って病院に来ているのに、体温を測ったら36度台でしたなんていうことになればそれはもう**狂言病人**である。お医者さんだって「えっ、36度なの？　あっそう。そんな発言と行動が一致しない平熱の患者は、とりあえずロキソニンだけ出して帰しちゃえばいいよね」と、適当な処置で済ませようとしてしまうかもしれないじゃないか（あくまで個人的意見です）。

だからこそ、ここで見事に高熱を出してこそ、ちゃんと心のこもった診察をしてもらえるのである。受付に「熱があるんです」と申し出たからにはきっちり数字で示して、有言実行な姿を見せてこそ、辛さがわかってもらえるのである。

オレは気合を入れた。残っている、すべての気力を脇の下に集中だ！　頼むぞ脇!!　今こそオレに力を貸してくれ!!!　**おまえの持っている力をすべて出しきるんだっ!!!　見せてみろ脇役の根性を!!　オレは信じてるぞ!!　おまえなら助演男優賞も夢じゃないと!!　ここが一世一代の勝負どころ、おまえの晴れ舞台なんだ〜っ!!!**

ピピッ

「測り終えたみたいですね。じゃあ持って来ていただけますか？」

「は、はい……どうぞ……」

オレは気力を使い果たしヘロヘロになりながらお姉さんに体温計を渡した。

見ろ、この辛そうな姿を。顔色や歩き方だけじゃない。きっちり体温計の数字で示してるんだ。結果を出してるんだよオレは。それがプロというものなんだよ。

「えーと、36度4分。熱はないみたいですね」

「えっ………」

なにいいいいいいい〜〜〜っっ!!!　36度4分だとお〜〜〜〜っっっっ!!!

なんでだ!!　そんなはずないっ(涙)!!!　オレは熱があるんだよっ!!　昨日の夜なんて39度だったんだぞっ!!!　違う!!　こんなの間違ってる!!　待ってください！　これは僕の本当の力じゃないんですっ!!!　本当はもっと出せるんですっ(号泣)!!!!

しかし再挑戦させてくれというオレの願いも虚《むな》しく、お姉さんは36度4分という完全に平熱な結果を、診察用紙に冷徹に書き入れてしまった。鬼っ(涙)!!

む、無念……。どうしてこんな結果に……。

そうだ、きっと今は朝だからだよ。いつも朝は体温が低いもん。オレは夜型の人間だからさあ！　ていうか、**今は生理前の低温期なんですっ!!!　その分ちょっと加算してくれないと困ります!!!　お願いです!!　今のままでは僕の正当な力が評価されていませんっ（泣）!!!**

「それではさくらさん、診察室にお入りください」

「はい〜〜（号泣）」

奥の診察室に進むと、そこにいたのは日本人の女医さん、英語ぺらぺらで超カッコイイ名医、エノモト先生であった。ああ日本人のお医者さんって、海外で出会うとこんなにも心が癒されるんだね……どきどき……ムラムラ……（涙）。

「えーと、熱は1週間くらい前から？　でも今日は平熱だよね」

「**違うんです〜〜（涙）**。それはたまたまちょっと調子が悪かったというか、たまたま調子が良かったというか、朝だから力を出し切れなかったんです〜（泣）」

「頭痛とか吐き気はある？」

「それなりに……。でもひどいのは関節の痛みと咳です。とにかく咳が止まらなくて……今は止まってますけど……**ってなんで止まってるの咳!?　なんでっっ（涙）!!**」

そういえば、宿では朝からあれだけゴホゴホやっていたのに、なぜか病院に着いてから全然咳が出ていない。

オイちょっと待ってくれ。熱がない上に咳も出ていなかったら、オレはただの健康な人じゃないかっ!!! **なんで病院にいる瞬間だけタイミング良く症状が治まってるんだよ!! 病院にいない時には高熱で咳が止まらなくてめちゃめちゃしんどいのにっ!!! メシも食えないのにっ!!!　とことん本番に弱い男だなオレはっ(号泣)!!!**

どうしよう。

咳を出そうか。わ、**わざと激しく咳をしてみようか。**だって、苦しそうな姿を見せないとさ。今は出てなくても普段は咳が出てるんだから、わざと咳をしたとしてもそれは完全にねつ造ということにはならないと思うし!!

「じゃあちょっとこっちを見て」

「はい～(涙)」

エノモト先生はペンライトで、オレのいつもはピュアだけど今だけ濁っている瞳を照らし、左右のキラめき具合をチェックした。

「口を大きくあけて!　アーン」

「アーーン　**オエッ**」

「はい、いいよ。うーん、なんともなさそうなんだけどねー」

えっ……？

そ、そんなっっ!!!　待ってください先生!!　これは違うんですっ!!!　今の状態は、仮の姿なんですっ(涙)!!!　今は女医さんの前にいるから緊張して調子が出ていないだけなんです!!!　リラックスすれば熱も咳も普通の人以上に出せるんですっ!!!

先生、もしかして、僕のことをウソつきだと思ってるでしょう(涙)？　36度4分で咳も出ていないのに、「高熱があって咳で苦しいんです〜」と言って病院に来たオレのことを大げさな奴だと思ってるでしょう？　**モンスター患者だと思ってるでしょうっ!!!　違うんです！　僕はそんな人間じゃないんです!!　信じてエノモト先生〜〜(号泣)！**

「念の為にレントゲンを撮っておこうか。あと、辛かったら点滴して行く？」

「レントゲンお願いします。辛いので点滴もお願いします。だって、ほんとに辛いんですもの。嘘じゃないんですもの(号泣)」

…………。

悔しい。

オレは、負けたのだ。勝負どころで力を出せずに、病気に、そしてエノモト先生に負けたのだ。

きっとこんな設備の良い病院に来られて、名医のエノモト先生にかかれたという時点で油断が生まれてしまったのだろう。

これは、ある意味オレの責任。心の緩み。自分が不甲斐ないための敗北。**練習不足**。そうだよ。練習でできないことが、本番でできるわけがないじゃないか。いつも、いざという時に満足なパフォーマンスが発揮できない自分が本当に不甲斐ない……。

オレは検査室で胸のレントゲンを撮ると、処置室に移りストレッチャー（手術の時に患者を寝かせて手術室に運ぶようなゴロゴロ転がるアレ）に寝かされ点滴を受けた。

だるい。体が痛い。

このまま風邪薬をもらって飲んでいれば治るのだろうか？　今朝を境に良くなっているのだろうか？　自分自身では、このまま帰っても治る気はしないのだけど……でも、特に症状がない限り、どうしようもないし。やっぱりオレは負けたのか。このまま大人しく帰るしかないのか。ああ……（涙）。

そのまま負け犬のオレは敗北感に浸りながら点滴を受けていた。プラスチックの点滴バッグから、1滴ずつ落ちる薬剤を見つめながら……負け犬用の薬剤を体に注がれながら……。

1時間で終わる点滴の8割がなくなっていたので、50分くらい経過したころだろうか？　いや、1時間で終わる点滴の8割がなくなっているということは、正確には60÷10×8なので、48分だ。しかし8割がなくなっているということがそもそもあくまで目測に過ぎないので、本当に48分かというとそれもちゃんとした自信があるわけではない。それならばここは「およそ48分」というふうに「およそ」をつけて曖昧《あいまい》にしておいた方がよいとも思うが、しかし48分という細かい数字におよそをつけるのも適切ではないような気がするので、それならば「45分から50分の間」というようにある程度の幅を設けて表現した方が良いのではないだろうか。**どうでもいいんだよっ!!!**

ともかく点滴を始めて50分くらいが経過したころ、エノモト先生が、オレの胸のレントゲン写真とともにやって来て言った。

「あ、君、レントゲン見たらね、**すっごい肺炎！　入院ね**」

「えっ!!」

…………。

キタ────────ッツ（嬉泣）!!!!!!!!

ねえ、みなさん、**聞きました今の？**
肺炎ですよ。肺炎。**誰もが認める立派な病気じゃあないですか。**しかもただの肺炎じゃないよ。**「すっごい肺炎」だよ？　入院だよ？**

まさに一発逆転の大勝利だっ!!!　見たかっ!!　本当にちゃんとした病気だっただろう!!!　そうだよオレは決してウソつきじゃないんだよっ（涙）!!!　救急車をタクシー代わりに使うような、病院を困らせるモンスター患者なんかじゃない!!　本物の病人なんだっっ!!!　やった！　やったぞっ!!　エノモト先生！　少しは僕を見直してくれましたよねっっ!?

あ〜〜良かった。本物の病気で良かった。肺炎で良かった。

…………。

なんでオレがこんな目に～～～っ（涙）。くるしい～～～っ。まさか肺炎だったなんてっ。どうしてだ～どうしてこんなところで肺炎なんかにかからなきゃいけないんだ～～～。しかもすっごい奴に。冗談じゃないぞ～おおお～～～（号泣）。

「ほら、これが肺なんだけど、白い影でいっぱいでしょう。こんなに大きいと思わなかった。辛かったでしょう」

「はい～おい～～～（号泣）」

うう……。

先生、そうなんです。**辛かったんです（涙）。**やっとわかってもらえた～嬉しいよ～ああ本当に嬉しい～。**嬉しくない～そんなひどい肺炎なんてマジでいやだ～全然嬉しくない～～～（号泣）。**

「すぐ治療するから。点滴終わっても帰っちゃダメよ」

「先生、今夜は僕を帰らせない気ですね～（涙）」

それからベトナム人の看護師さんがなにやら大げさな吸入器を持って来てくれ、管のついた透明なプラスチック製のマスクを装着しキュー―ポー―キュー―ポー―と薬剤入りの空気を吸う治療が始まった。

うーむこの姿は、まるでテレビドラマでよく見る重病人ではないか。なんか多くの予算が使われている気がするね。しかしこれもオレが口だけでなく、肺炎という結果をきっちりと見せたからこそ受けられている特別な治療なのだ。その辺の、ちょっと調子が悪いくらいで病院に来る病院好きな人々じゃあやってもらえないぜこれは。**くそ〜なんで肺炎なんかにっ(涙)!!**

チャーミングに吸入を続けていると、エノモト先生が恰幅のいい白人の院長先生を連れて来た。おそらく彼はオーストラリア出身のブルース・ミラー医師ではないだろうか？　ともあれなんだか、今から院長先生よりオレの病状の説明があるらしい。そうか、院長先生から直々にね。オレもうダメなの？

名医のエノモト先生が、早口の院長医学英語を魔法のようなスピードで通訳してくれる。

「ペラペラペラペラペラペーラペラペーラ」

「ちょっと君は症状がひどいのね」

「ペラペラペラペラペラペーラペラペーラ」

「おそらく細菌性の肺炎だと思われるのね。これからきちんと検査するけどね」

「ペラペラペラペラペラペーラペラペーラ」

「だから抗生物質を投与しながら入院して治療する必要があるのね。一度ホテルに戻って、荷物をまとめてすぐに帰ってらっしゃい。治療費は保険会社に請求できるから大丈夫よ」

「ぺ、ぺらぺ〜らぺらぺ〜ら。そうですか。入院か……。じゃあ、ちょっとタクシーで宿まで往復してきます。どうか名医のエノモト先生よろしくお願いします」

「ごめんね、明日と明後日《あさって》は土日だから、私はお休みなの。でも他のスタッフがちゃんと面倒見るから」

「そんな〜〜。先生、お休みならしょうがないです〜〜（涙）。もっと早く病院に来ていれば良かった……」

本当にそうである。調子が悪くなってすぐに診察に来ていれば、治療も早かっただろうしなにより無駄に苦しむ日数がずっと少なかったはず。

でも、今が江戸時代だったらレントゲンもこんな立派な吸入器もないし、苦しみ疲れて息絶えるまでひたすら悶《もだ》えるしかなかったんだろうな。近代医療さん、ありがとう。平均寿命というのは、このようにして延びて行くものなんだなあ。

すぐにタクシーで宿に戻り、ルームメイトの面々に結果を報告。

細菌性の肺炎だと告げたその瞬間から当然のことながらオレ自身が細菌扱い、仲間だと思っていた方々から枕や灰皿やペットボトルやタバコを投げつけられ、重病人なのに誰にも助けられず重いバックパックを抱えてオレは泣きながら宿をチェックアウトした。

けっ、オレはこれから入院するんだからな。いいかよく聞け、**この安宿に泊まる貧乏人どもがっ!!!**　東南アジアの病院がどんな豪華な設備を持っているか知っておろう！　あのバンコクで見た貴人たちの世界。エアコンバストイレテレビ冷蔵庫バルコニーソファ個室アメニティー完備の夢の世界へ。入院は1泊300ドルらしいから、**おまえらが泊まっている安宿の150倍の料金である!!　いいか、オレは今日から貴人なんだからなっ!!!　身分が違うんだよ身分が!!　気安く話しかけるんじゃねえっ!!!**

オレはかつてバンコクでデング熱に冒された南海の黒豹さんの病室を見た時、心の底から「東南アジアで入院したい」と願ったものだ。まさか実際にベトナムでその念願が叶《かな》うなんて、夢のようだ。そう……夢は、ただ見るだけのものじゃない。**叶えるものなんだ!!**　みんな、オレの姿を見ろ。**自ら細菌性の肺炎にかかることによって夢を摑んだ、輝いているこのオレの姿を!!!**

もはや体調が悪いことも半分忘れてスキップをしながら病院の受付に向かったのだが、しかしオレはただひとつだけ気になることがあった。

この病院、たしかに近代的で最新鋭の外観をしているのだが、どうも入院できるような病棟があるように見えないのだ。なにしろせいぜい2階建ての高さ。いったい病室はどこに？　その、未知なる2階部分にゴージャスヒルトンシェラトンリッツカールトン病室があらしゃりはるのかしら？　どうか、そうであってね。お願いね。よろしゅうおたのもうします。

受付を済ませると、看護師のお姉さんに連れられてまずは先ほど点滴を受けた処置室へ。またなにか処置を受けてから病室へ移動するのだろうか？

と思ったら……。

「じゃあここに荷物を置いて、横になってね。ここにステイするから」

「ここって、ここですか？　病室のベッドではなくて、このストレッチャーの上ですか？」

「そうだけどなにか？」

「いえ、そうですよね。僕もそうだと思っていました。そうだと思っていたのですが念の為聞いてみただけです。いえ、とんでもない、文句なんてあるわけないじゃないですか！」

…………。

いやだ〜〜〜っっ!!!! なんでこんなところにっ（涙）!! こんな一人用の担架くらいの大きさのストレッチャーに!! このストレッチャーの上で入院だなんてっ（号泣）!!!

どうやら予想通り、残念ながらこの病院には入院するような立派な病室は設けられておらず、オレはトイレもシャワーもソファもテレビもバルコニーもない普通の処置室で、ストレッチャーに乗せられて入院生活を送ることになった。バンコクとのこの違いはなんなんですか（泣）。

いいです。いえ、いいんです。

シャワーは我慢します。共同トイレ使います。テレビいりません。最新鋭の治療が受けられるのですから、それだけで十分です。患者にそう思わせる信頼感が、すばらしいエノモト先生とこの病院にはあるんです。十分な治療を与えてもらえる、それだけが重要でそれだけで満足です。

そのまま夜になった。

定期的にマスクを着けて吸入器で薬品を吸入し、抗生物質を点滴と飲み薬でひたすら投与する。

しかしやはりオレは夜型人間だったようだ。夕方を過ぎるとまた咳が出始め、消灯後もそろそろ寝ようと思ったところでやっぱりゴホゴホゴホオーッと波がやってくる。今日病院に来たばかりなので当然ではあるが、まだ治る気はせず、慣れない場所での暗闇が不安を煽《あお》る。

私はちゃんと回復するのでしょうか。教えてエノモト先生……。

15. 東南アジアの終わり

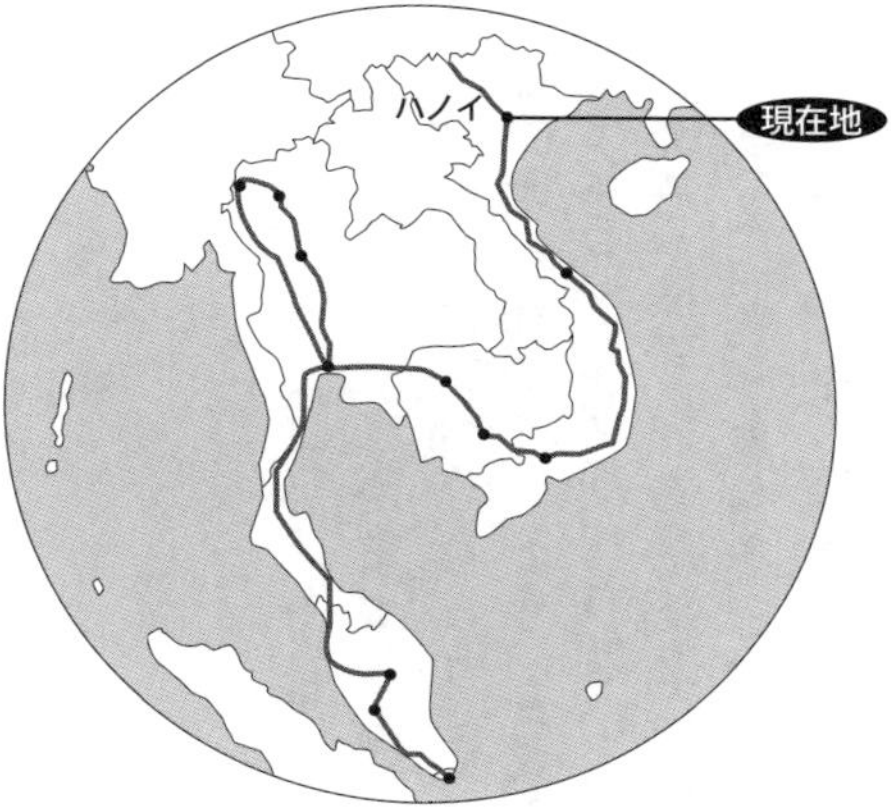

ねえねえ、あなた元気？

そう、それはよかったわ。えっ私？　私は、**重い肺炎で入院中（号泣）**。

ストレッチャーの上で点滴を刺しながらひと晩過ごし、翌日も朝から点滴&吸入器&飲み薬で抗生物質をどんどんどんどん投入する。

あれも抗生、これも抗生だ。

さすがにこれだけ抗生責めにされちゃったら、悪い悪い肺炎の野郎もまっとうな人間に生まれ変わるに決まってるよね。だって抗生物質っていうのは、**病気を更生させる**から抗生物質と呼ばれてるんだからね♪　なーんていう話はさあ、**ウソに決まってるだろうがっっ!!!　なめんなよっ!!!　なんでオレが重い肺炎なんかにかからなきゃいけないんだよっ!!!　なぜこのオレがっ!!　そういうややこしい病気には、オレじゃなくて野ぎくちゃんがかかればいいだろっ!!!　なんのために野ぎくちゃんがいると思ってるんだよっ!!!　クソッ（涙）!!　やってられるかちくしょうっ（ちゃぶ台をひっくり返して）!!!!**

こふこふ……こふこふ……。

すいません今のは冗談です。本当は僕がどんなことを考えているかといったら、心から「病気にかかったのが自分で良かった」と思っているんです。だって、旅仲間の女性旅行者たちにこんな辛い思いをさせるわけにはいかないですから。誰かが苦しまなきゃいけないのなら、僕がその苦しみを背負います。僕はそういう男なんです。そういう優しい男なんです。そんな美しい心を持つ僕を、肺炎で苦しめてしまっていいんですか神様？　そんな残酷なことがあっていいんですか？　いいえいけません。こんな優しい人間を苦しませてはいけません。だから僕じゃなくて、野ぎくちゃんを肺炎にかけてください。

でも、やっぱり昨日から比べると、症状は軽くなっている気がするんだよな。きっとインターメディカルＳＯＳの皆様の、愛のこもった看護が効いているのでありましょうね。

そりゃあ、普段病人ばかり相手にしている看護師さんたちだから、たまにオレのような健全なイケメン肺炎患者がやって来たら、必要以上に看護に愛をこめてしまうのもわかるよ。

もちろん、本来患者に対して個人的な感情を持つことは禁じられているだろうし、「医療の名の下ではすべての患者が平等であるべきだ」という建前もわかる。テレビドラマ「救命病棟24時」シリーズの進藤先生（演：江口洋介）なら、きっとそのような強い信念を持っていることでしょう。

でも、人間というのは建前や理性だけで生きて行けるものじゃない。誰もが進藤先生のように強くなれるわけじゃない。大抵の人間は、もっと弱いものなんだ。

だから、看護師さんがオレだけに特別に愛を込めた看護を提供してしまったり、オレが仕事の締め切りを1カ月も過ぎているのに原稿も書かずプレイステーション3の「アンチャーテッド　砂漠に眠るアトランティス」にはまりまくっていたり、そうかと思えば突然すべてを放り出して実家に帰って犬のムクちゃんと遊び呆《ほう》けていたり、そういう弱さを見せた行動を取っていたとしてもいったい誰が責められようか？　いいや、**誰にも責められたくない。**

「責められるか責められないか」は置いといて、**責められたくない。**

さて、早朝から何度目かの点滴交換を済ませ午前10時頃になると、当直の白人ダンディー長髪ドクターがやって来て、今朝撮っておいた胸部エックス線の検査結果を説明してくれた。

ドクターが言うには、なんでもオレの肺の状態は昨日と比べて、実になんというか、**英語だからさっぱりわからん（涙）。**

くそ、こんな時に限ってなんで説明が英語なんだ。せめてスワヒリ語かヒンディー語にしてくれたら……。スワヒリ語かヒンディー語だったらもともと1単語たりとも理解できないから素直にあきらめられるけど、英語だと頑張ればわかりそうな気がするから頑張って聞いちゃって、でも結局やっぱりわからないからすごくもどかしいだろっ。

それでもなんとか先生のペラペラ英語を理解しようと全力で真剣に集中して聞いていたら、**頭痛と吐き気がひどくなった。**もう、ちょっとドクター、僕は病人なんだから放っておいてくださいよ!!　そういう検査結果の説明みたいな頭を使わせる難しいことは、健康な人相手にやってくれませんかっ!!!

だがしかし、白人ドクターは相当なドS体質らしく、こんなに肺炎で弱っている患者をまるで虐待するかのように「服を脱げ！」と命令し、逆らえないオレの、まだ男の体を知らない絹のような柔らかく白い肌に、冷たい聴診器を当てて責め始めたのだ。そんな………、**ここは病院なのよっ!!　人の命を預かる医師ともあろう人が、弱い立場の患者を無理矢理に脱がせてお医者さんごっこをするなんて！　ひどい！　ひどいわっ（涙）!!　けだものっ！　やめて〜〜っ（号泣）!!!**

彼は聴診器でオレの胸をもてあそぶだけでなく、同時に再び難しい早口英語を使い、言葉責めまでをも仕掛けてきた。

「ペラペラペラペラペーラペラペーラペラペラペーラ」

「ノ、ノーーーッッ（涙）!!　プリーズ、プリーズドントドゥーディス!!　ヘルプ！　エニバディーヘルプミーーッ（号泣）!!!」

「シャーラーーップ‼」　バチーーン！

「いやああああっ（号泣）‼!」

「リッスン。どうやらユーは、まだ呼吸がうまくできていないようだ。空気がうまく肺からどこそこを通っていないんだ。だから、まだ帰らずにここでキュアを続けなければいけない」

「キュア（涙）？」

「キュアというのはつまり……、トリートメントだ」

「オー！　トリートメント！　わかります！　ウェル・カム・ようこそ〜日本へ〜〜♪　君が今ここに〜いること〜〜♪（真顔になって）ダメージケアには、潤いのＴＳＵＢＡＫＩ・シャイニングトリートメント」

「シャーラーーップ‼」　バチーーン‼

「いやああああっ（号泣）‼!」

「キュアとかトリートメントというのは、治療のことだ。とにかく抗生物質の投与を続けて、今夜もここにステイだ！」

「今夜もここですか〜。ドクター、アタシを今夜も帰さないつもりですね〜〜（涙）」

…………。

以上の会話の内容はあくまでもオレの**意訳**なので9割8分程度しか忠実に再現されていないということはさておき、ドクターからは今日も引き続き入院という指令が出た。ああ、今日も入院か……。**にゅい〜〜ん(なにかを絞り出すようなイメージで)!!**

まあしかしベッドがない病室でストレッチャーに乗せられたままというのはたしかに快適ではないが、他の部分で不満はないし、先生も看護師さんもみんな一生懸命面倒をみてくれるし、ありがたくもう1日いさせてもらおうっと。

ひと眠りして、咳き込みながら目を覚ますと、昼食のオーダーの時間になった。おお、遂にこの時がやって来たのですね……待ちかねておりました……。

なにしろ外国人向けのセレブ御用達病院の食事といえば、そう、**高級レストランからの出前**である。なんと、この病院では昼食も夕食もハノイの高級ホテルのレストランのメニューから、前菜やスープやメインディッシュやデザートまで、それぞれ好きなものを指定して注文できるのである!

いやーこんなの、旅のあいだどころか生まれてからでも初めてかもしれないぞ。コース料理なる高貴なものを、このオレの卑しい口に含むことができようとは。最高だっ! 幸せだ

〜〜っ（涙）!!!

……………。

でも、全っ然食欲がないんだよな…………。

まだ熱があるし体はダルく肺は痛く、紛れもない入院患者だよ。目下絶賛肺炎中の入院患者が、フルコースの料理なんて食べられるものだろうか？

いや、でもだからって頼まないわけにはいかないさ。だって、食べないと治るものも治らないとかそういう問題じゃなくて、**旅行保険が適用になるんだから目一杯注文しないともったいないだろっ!!! 旅のあいだで最高のメシが食えるチャンスなんだぞ!! この機を逃したらオレが次にフルコースなんてものを食べられるのは還暦を過ぎてからだぞ（漠然とした予測）!!!**

よし、じゃあとりあえずメインディッシュは胃に優しそうな魚料理にして……デザートはオレの好きなリンゴを使ったアップルタルトを…………。

そして30分後。

でで〜ん

うわおっ（涙）。

※起立して

インターメディカルSOS…………

バンザ〜〜イ（泣）!!

バンザ〜〜イ（涙）!!

バンザ〜〜イ（号泣）!!!

それでは感謝の万歳三唱も相済みましたところで早速……、つまもうか……前菜から始まって魅惑のフルコースを…………、う、う、う、だけど、**食欲が〜〜〜っ（涙）**。熱も咳も治まらないし、昨日もほとんど寝られなかったから気持ち悪くてまったく食欲がないんだ〜〜〜っっ。

お願いです、神様、どうか僕に力を貸してください…………この一瞬だけ、どうか今この一瞬だけ僕に、この高級レストランから配送された食材をたいらげる食欲をっ!! なんでもしますから!! **二度と下ネタを書きませんから!! 海外の悪口を書いた旅行記なんか**

二度と出版しませんからっ‼　約束しますからっ!!!　約束はするけど守るとは言ってないけど。

ゴージャスな昼食を観賞しながら、これはいったいどうしたものかと思い詰めていると、いきなりドアがガチャッと開き招かれざる見舞い客がやって来た。Hさん&野ぎくちゃんのルームメイトコンビだ。２人ともオレを病原菌扱いするかのように、巨大なマスクをかぶっている。

「さくらくん！　調子はどう？」

「さくらさん体調はどうですか……熱は下がりましたか……（涙）」

「なんですかっ、１泊の値段が僕の１５０分の１の安宿に宿泊している貧民のお２人。なにか用ですか。特に用がないならお引き取り願えませんかねっ」

「ちょっと、はるばるお見舞いのために歩いて来たのにそんな言い方はないんじゃないのっ」

「そうだよあんまりだよ……（涙）。お水だって買って来てあげたのに……（涙）」

「…………」

「そんな薄情な人間だとは思わなかったよねまったく。……あれっ？　さくらくん今からごはんだったの？　なんだか豪勢なお食事じゃない⁉」

「豪勢だよね……（涙）。すごいメニューだよね……（涙）」

「じゃかましいオマエらっ!!!　しらじらしいんだよ!!!　なにが『あれっ今からごはんだったの？』だっ!!　今何時だよっ？　**11時55分だろうがっっ!!!　世界中だれだってどこだって共通して今からごはんの時間帯だろうがっ!!!　明らかにそれがわかってて昼食を狙ってやって来てるじゃねえかよおのれらワレっ!!!」**

「おっほ。ばれたぁ？　なんかさ、こういう病院はすごいごはんが出るって聞いてさ♪」

「本当にすごいよね……（涙）。さくらさん病気だから全部は食べ切れないんじゃないかと思って……（涙）」

「だからって、オレのために用意された食事を横領しようとしてるのかよ。**バカも休み休み言えっ」**

「ば……」

「か……（涙）」

「本当にバカを休み休み言ってどうするんだよっっ!!!　こざかしいわっ!!!……ああそうだよ。たしかに、食欲はないよ。でも、**やるもんかっ!!　オレが**

重篤な肺炎にまでなって手に入れた念願の宮廷料理だぞっ!!!　おのれら貧乏人は屋台でタライに入ってる羽虫の死骸満載の安い豚肉ぶっかけメシでも食っていればいいんだよっ!!　どうしても食いたいというのなら、オレのそしゃく後に食えっ!!!　食欲がなかろうがまずオレが口に入れるっ!!　そして吐き出したものをあんたらが食えっっ!!!」

「やっぱり食欲ないんだって。じゃあいただこう野ぎくちゃん。はい、このさくらくんのフォークを使っちゃえばいいよ。私は割り箸を持って来たから」

「やったあ（涙）。いただきまーす（涙）」

この薄情もの〜〜〜っ（泣）。

もちろんオレも黙って引き下がるわけにはいかない、できるだけ自分で食べようと努力した。しかし、生ハムを1枚口に入れただけで胃がムカムカするのである。体が油を受け付けない……（涙）。

それでも、タダ飯を食らうよた者どもからオレは、アップルタルトだけは命をかけて死守した。デザートだけは、この美しいデザートだけは煩悩に汚れた餓鬼どもに食わすわけにははいかん……。

そしてフルコースをすっかりたいらげると、元ルームメイトの2人のマスク・ド・見舞い客は、**たいして見舞いもせずに腹だけ満たして満足げに帰って行った。**

おのれ………。

いいよ。

まだ勝負はこれからだよ。

こうなったら、**夕食で挽回だっ!!!　肉だっ!!　肉を食ってやる!!!**

オレは夜に備えて脳内に牛肉の姿を思い浮かべ、牛肉への欲求を高めるために寝食を忘れ一意専心にイメージトレーニングを重ねた。……のだがやはり1日やそこらで体調は戻らず、肉の姿を脳内に描くごとにただただ気持ちが悪くなるばかりであった(涙)。

しかし、それでもあきらめるわけにはいかない！　数々の治療を受け抗生物質を投入しながら時は経ち、お店が混《こ》んでいたのかオーダーしてからやや時間が空いた午後8時!!

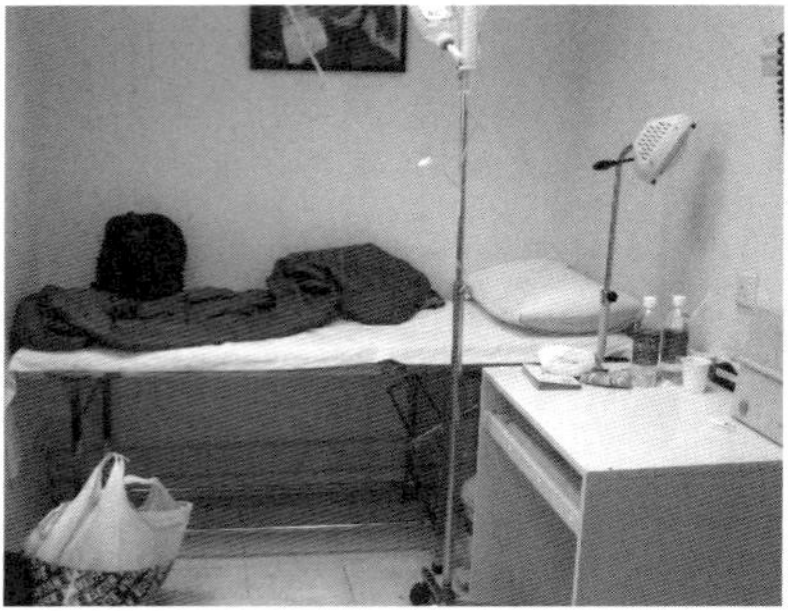

↑我が寝床

だよ〜〜〜ん

高級国産厚切り牛フィレステーキマスタードソース添え（ソースはソースポットで提供）。

間違いなく、この30年のあいだにオレの前に現れた中で最高級で且《か》つ最高の厚さの肉。もっとも値が張る肉。素晴らしい肉。肉の中の肉。**のあ〜〜〜〜っはっはっはっ!!!! オレはセレブリティーだ〜っっ!!!!**

ふう。

でも、**やっぱりぜんっぜん食欲が湧かない（号泣）**。見てるだけで吐き気がする。おえ〜〜っ。

「いただきま〜す！」

「いただきますー（涙）」

→再び見舞いにやって来て、**午後5時50分から2時間以上もステーキのために待機していた奴ら**

きさまら〜〜〜〜っっ（号泣）!!!!

この病院には面会時間の制限はないのかっ!!!　普通夜になったら見舞い客は病院に入れないもんだろ!!!　いや、まだ見舞いならいいよ。こいつらはステーキを食いに来てるだけなんだぞっ!!!　1円たりとも、1ドンたりとも払ってないんだぞこいつらは!!!　バカヤロー!!　感染しろっ!!　オレの肺の細菌がんばれっ!!!　ゴホッゴホッ!　ゴホゴホゴホッッ(故意の咳)!!!　スーパー肺炎アターック!!!

「ごちそうさま〜〜」

「ごちそうさまでしたー(涙)」

「……………。肉が…………オレの肉が…………(号泣)」

例によって2人は、食事を終えるとお土産のミネラルウォーターを「ほら、これをステーキのお礼にあげるよ」と得意げな態度でテーブルに置いて、いかにも無上の幸せを体験したという恍惚《こうこつ》の表情で帰って行った。

高級ステーキのお礼にミネラルウォーターって、どんな価格の水なんだよ……。**ナントカ還元水かよっ。**　くうううっ(涙)。またオレの夕食はチョコレートムースと水だけかよ……(やはりデザートだけは死守したのだ)。

まあそうは言っても、たしかに2人は入院患者のために用意された病院食こそ横から奪ってせしめて喰らい尽くしたが、実際彼女たちには荷物を運んでもらったり買い物を頼んだりその他もろもろ、随分お世話になった。そういう心温まる裏話はおもしろくないので**一切書かないが、**2人の名誉のために、奪われたもの（ステーキなど）より助けられたことの方がずっと多かったと言っておこう。これは紛れもない事実だ。これは紛れもない事実だと書かないとタダでは済まんぞと脅されたのも事実だ。

ということで、2人の大貧民は高級レストランの「高級オレの金で注文した料理」を堪能し尽くすと、**肺炎を患っている友人の回復は待たずにそれぞれ帰国に向けてハノイを離れて行った。**

そしてオレはこの後はHさんにも野ぎくちゃんにも、旅のあいだ二度と会うことはなかったのである。さようなら。さようならオレの人生最高の高級ステーキを強奪した2人……。

さて、その翌日。入院3日目。

相変わらず朝からエックス線撮影、飲み薬に呼吸器、点滴によるハシゴ抗生物質だ。昨晩遅くに咳の発作が出たせいで体力が相当絞られており、朝食を摂る気にもならない。

しかし！　昼前にドクターが来て仰《おっしゃ》ることには、レントゲンの結果も少しずつ良くなっているらしく、今日で退院し、今後は静養しながら通院と飲み薬で治療を行えばよいということだった。やった……。

ということで。

2泊3日をストレッチャーの上で点滴を刺され過ごした後、オレは無事退院した。

おめでとう！　オレ、おめでとう(誰も祝ってくれる人がいないので自分で)!!

ハノイの街に戻ると安静な生活のためシングルルームを取り(でも安宿)、数日間は病院に通い薬を飲み、携帯式の吸入器で1日2回薬品を吸い込み、それ以外の時間は部屋でノートパソコンをいじりながら安らかに過ごした。

やっぱりオレには旅なんかより、部屋でパソコンに向かう生活の方が似合っているよなあ。**今わかった。オレに旅は向いてないって。**いや、日本を出る前からわかってたけど。

徐々に体調は回復してきたのだが、食欲だけは一向に戻る気配を見せず、食べるのは毎日果物だけだ。

体重を量ってみると、出国前から比べて10kg近くも減り、60kgを割っていた。もはや腹には六《む》つ子《ご》もムツゴロウも住んでおらず、それどころか全体的に激ヤセのひょろひょろもいいところである。もし今タイ式マッサージを受けに行って、マッサージ師にタイ式特有のエビ反りの形に極《き》められたら、体が薄すぎてそのまま真っ二つに折れることだろう。

ところが、ここでさらなる問題が発生した。あらまあびっくり、あと2日でベトナムビザが切れる。エノモト先生〜っ！　どうしたらいいですか〜〜〜!!

「今日のレントゲンの結果だけど、そうね、やっぱり日に日に肺の影は薄くなっているから、あと10日から2週間も休んでいれば完治するでしょう」

「そうですか。肺の影はだんだん薄くなっているのですね。肺の持ち主である僕の影が薄いように」

「そういうことね」

「そこでですが素敵なエノモト先生、実は僕、ビザの期限が明後日までなんです」

「なに〜〜〜〜〜〜っっ!!!」

「だから明日にはハノイを出て、明後日には国境を越えないといけないんです。安静にしながら旅をすれば大丈夫ですよね？」

「君が次に行くのは安静な国じゃないからね……。でもしょうがないわね。じゃあ、こうしましょう。このレントゲンをあなたに持たせてあげるから、ベトナムを出て大きな街に着いたら、すぐに病院に行ってお医者さんの指示を仰ぎなさい」

「すいません名医のエノモト先生。大変お世話になりました。この病院に来なかったら本当にどうなっていたことか……」

オレはいただいたレントゲン写真を丁重に紙袋に収め、散々お世話になったインターメディカルSOSを辞すとその足で駅へ向かった。明日の電車のチケットを買うのだ。

この状態でハノイを出るのは不安があるが、ともかくあの病院のおかげでオレは旅に復帰することができた。もしオレが肺炎を発症したのがベトナムの首都ではなく、十分な医療施設のない国だったらと考えるとゾッとする。

これから先、仮にまたそういう国を旅する時が来たら……、いざという時にどんなルートで先進国に飛ぶのか、どうやって日本に帰るのか、常に考えながら行動することを肝に銘じたい。

そして日は変わってあくる夜。ハノイ駅21時30分発の夜行電車に乗車。

翌朝6時に終点の町に到着。夜行の移動では寝られないし、病み上がりのためヘロヘロだ。しかし国境はもうすぐそこ。さあ行くぞ!!

バックパックを背負うと、荷物はいつもと同じ重さなのに自分の体が小さくなっているためよろけてしまい、足取りが安定しない。しかし時間をかけてゆっくり着実に進むと、いよいよ目の前に国境が現れた。

おおっ。あのゲートは……。

中国…………。
ついに来たぞ、ここまで。

※『中国なんて二度と行くかボケ！……でもまた行きたいかも。』（幻冬舎文庫）に続く

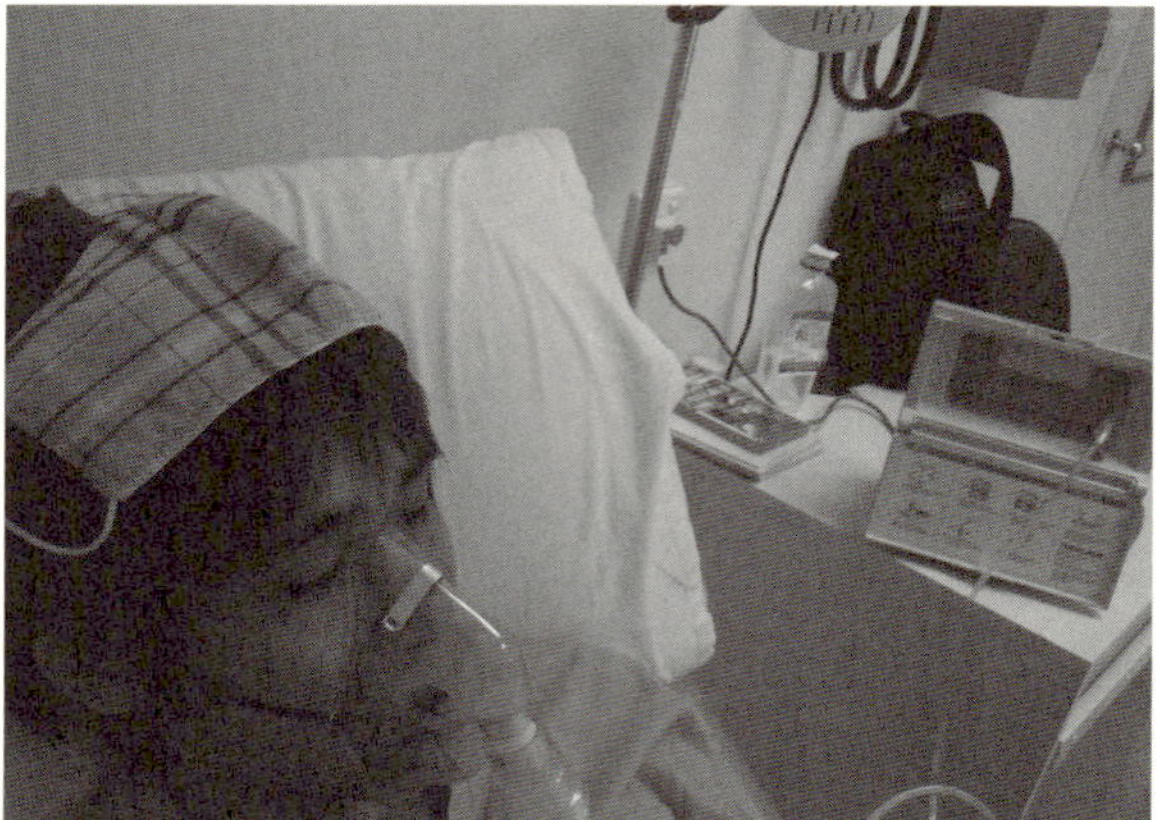

この作品は書き下ろしです。原稿枚数544枚（400字詰め）。

東南《とうなん》アジアなんて二度《にど》と行《い》くかボケッ!

……でもまた行《い》きたいかも。

さくら剛《つよし》

平成24年7月5日　初版発行

発行人――石原正康
編集人――永島賞二
発行所――株式会社幻冬舎
〒151-0051東京都渋谷区千駄ヶ谷4-9-7
電話　03(5411)6222(営業)
03(5411)6211(編集)
振替00120-8-767643

印刷・製本―図書印刷株式会社
装丁者――高橋雅之

幻冬舎文庫

ISBN978-4-344-41888-2　C0195　さ-29-4

幻冬舎ホームページアドレス　http://www.gentosha.co.jp/
この本に関するご意見・ご感想をメールでお寄せいただく場合は、
comment@gentosha.co.jpまで。